새로운 시작
25시

새로운 시작 25시

김효태 시집

도서출판 천우

언어 예술은
인간 삶의 풍요와 평화를 주는
신기루다

雄飛 金孝泰

| 차례 |

제1부

그대 있음에 내가 있다는 것을

제2부

삶의 노래

제3부

기다림의 신화

제4부

마(魔)의 노예시장

제5부

내 인생에 황혼이 오면

제6부

물안개처럼 날고 싶다

제7부

사색하는 사유

제8부

착각은 자유인가

4988

제1부
그대 있음에 내가 있다는 것을

이화(梨花)

접동새가 운무처럼
봄을 몰고 오는 길목
하얀 나비 떼가
이화(怡和)의 배꼽에 핀 꽃

수런수런거리는
햇살무늬 반짝이며 윙크하듯
임과 교접을 하면
그대의 거친 숨소리로
달구어진 심장의 폭죽은

욕망에 덫의 꽃비로
춘몽을 흩날리는
사랑의 비단 물결
숫처녀 봉긋한 가슴에 신열처럼
시샘의 등불이여

그대 있음에 내가 있다는 것을

그대가 있음에
나 항상 믿고 무심했었네

그대의 미소를
읽을 줄 몰라 분망했고

그대의 아름다움을
소중히 여겨 느끼지 못했으니

그대와 함께
미몽에 사로잡힌 구름처럼 떠돌고

그대가 없음에
허전함과 삶의 의미를 몰랐던 것처럼

그대와 초원에서
숨 쉬고 있다는 것은 행복이란 사실을

이화(梨花)

접동새가 운무처럼
봄을 몰고 오는 길목
하얀 나비 떼가
이화(怡和)*의 배꼽에 핀 꽃

수런수런거리는
햇살무늬 반짝이며 윙크하듯
임과 교접을 하면
그대의 거친 숨소리로
달구어진 심장의 폭죽은

욕망에 덫의 꽃비로
춘몽을 흩날리는
사랑의 비단 물결
숫처녀 봉긋한 가슴에 신열처럼
시샘의 등불이여

* 이화(怡和) : 기뻐하고 즐거워하는 일.

만남의 영겁

우리 인간사의 삶도 희비도
상대가 있어야 만남이 있고
삶의 가치를 논할 수 있다
아프리카 속담에 ‘우분투(Ubuntu)’는
“그대 있음에 내가 있다”라고 했다

만남이란 상호불가분한 스토리다
그러나 호연(好演)은 삶에 활기를 넣고
영혼을 풍요롭게 하지만…
악연(惡緣)은 삶을 피폐하게 하며
고달픈 삶의 갈등만 유발한다

우리들의 동행(同行)은
사랑과 존중을 바탕으로 이루어지듯
아침 햇살이 부챗살처럼 일렁이면
세상 만상은 잠에서 눈을 뜨게 되면서
상호만남의 릴레이가 동행하는 것처럼

치유

설화 속에 꿈이 푹 빠진 산그늘
광장에 청중들은 사라지고
발아래 이별장만 흐트러 놓고
지난 짙푸른 날에 매미 소리 꿈꾸니

산새들 울부짖는 산울림만 애석하다

어디서 들려오는 제야의 종소리
가슴에 언 겨울나무를 위로하니
바위돌이 울며 뒹굴어서
내 발등을 찍어 잠을 못 이루네

빈 광장엔 휘파람 소리만 가득하니
꽃사슴들 꼬리 내리고 어디로 갔나
호롱불처럼 흐느끼고 흐느끼며
달무리 속에 미몽만 감돌고 있구나

참 소중한 당신

그대 있음에 내가 있다는 것을
당신이 외롭고 괴로울 때
하소연 할 수 있는 사람
가슴에 포근히 기댈 수 있는 그런

당신은
나의 분신이오, 연인이기 때문에
지금 난 당신 곁에서
공감의 맥박이 뛰고 있으니까
우리는 서로가 의자가 되고 우산이 되는
영원한 파트너이니까

무지갯빛이 되어
아름다운 세상 즐겁고 유익한 행복 속에서
우리 인생의 동반자로 함께 숨 쉬는
당신의 분신인 한 조각으로 산다

당신과 나, 사이

서산마루의 노을에 물든 홍화처럼
꿈을 먹고사는 우리 인생사
세월의 시추가 변화의 춤을 춥니다

맑은 하늘 위에 구름처럼 떠 있는
당신의 환상을 그려 봅니다
보고 싶다고…!
그리고 사랑한다고
마음의 문을 열어달라고

아~ 오로라처럼~
하늘을 수놓는 그리움의 덫
그대의 넋을 영접합니다
당신과 나와의 사랑 이야기를…
영혼에 담아가고 있습니다

당신은 마음의 등불

어젯밤 수줍게 피어오른
눈꽃송이 아래로
새의 발자국 지문만 남기는
명경지수가
내 마음을 쓸어내리고
세상에 온갖 쓰레기도
오감도 다, 허물을 벗었다

마음 한편에 교교하게
천사의 날개를 펴고
당신의 가슴 속으로
퍼즐처럼 잉태한
대자연의 축복 속에서
당신과 나는
복수초의 꽃으로 피어볼까

내 가슴에 따뜻하게 품고 있는
당신의 영혼을
횃불처럼 달구고 싶다

우리들 사랑 인연의 고리가
신천지 하얀 화선지 위에
당신과 나의 두 얼굴을
모자이크로 찍고 있다는 것을

그리움이란

달빛 그림자를 밟는
그대의 메아리처럼

창파에서
구명보트 같은
그대의 살신성인 손길

태산 같은
그대 가슴 속의 온기처럼

피조물의
만감이 교차되는
우주만상 은하계의 누리여

순정(純正)

하늘이 나를 아무리 숨겨준다 해도
꿈은 노여움으로 낙뢰를 쳤다
눈에서 멀어지면 마음도 멀어지는데
만삭이 된 봄은 활짝 웃고 있다

솔잎 끝에 곡예하는 영롱한 이슬방울처럼
서로 얽히고 묶인 인연의 고리를 풀고 있다
허공에 묻은 깨달음에 부딪힌 텅 빈 하늘같이
만상은 그림 숲에서 반추하자고 손을 내민다

푸른 깃발이 나부끼는 평화로움 속에서
햇살을 잡으며 너에게 안기고 싶다
그리움, 두근거리는 심장에 미완의 그림을 그리듯
숱한 언어들은 지혜의 시선으로 꽃을 본다

눈에 아롱거리는 네가 자꾸 기다려지게 되는데
주체할 수 없는 눈물은 내 가슴으로 흐르는구나
영혼에 가득 찬 눈부신 그리움은 잡을 수가 없으니
너를 만나면 위안의 푸념이 퍼즐처럼 풀릴까
인고의 세월은 침묵 속에서 빈, 가슴을 채우리라

피아니스트(Pianist)

피아노에 앉은 그녀는
영혼의 그림자를 밟으며
거미줄에 걸린
건반 위에 용수철처럼~

신들린 무녀(巫女)는
촉수의 마디마디에
징검다리 널뛰기로
꿈과 조각을 만들어 넣고

황금빛 쏟아지는 항아리에
긴~ 숨결을 몰아넣는
심연이 노을 치듯
향기 바다를 품고서

젊은 날의 옥석 같은 푸른 꿈
피아노 계단을 오르내리며
황홀하게 가슴이 뛰는
저녁에 까치놀의 꽃이 핀다

꿈[夢]

꿈은 빛과 암흑의 천지로서
무지개 계단을 오르내리는 것

길몽은 희망의 꽃이지만
흉몽은 죽은 사자의 넋이다

영혼에서 마취된 황홀함도
꿈은 지나가는 맞바람으로

지뢰밭에 지뢰를 밟은 상태에서
멈추는 것만이 그나마 사는 길이다

바람의 풍속도

사물의 실체가 보이지 않지만
그러나 속삭임과 힘의 강약을
행동으로 다각적인 변화를 주는
초능력의 지각을 가지고 있다
시선을 지켜보는 CCTV는
귀로 향기 품고 입으로 꿈을 심으며
눈으로 세상에 씨앗을 뿌리듯
우주공간에 저인망을 치고 있다

무형무색무향 실체가 보이지 않는다고
몸통과 뿌리가 없으랴
머리와 다리와 꼬리가 없으랴
바람은 강약과 센서의 리듬으로
지구촌을 모두 춤추게 만들고
언제나 빈 그릇을 가득히 채워주는
너그러움과 슬기로 상생을 이루듯
징처럼 소리로 온 누리에 파문 일듯
신(神)의 조화를 가진 신기루~
세상을 움직이는 조정관이다

은하수 비

은하수 비가 먼지처럼
소복하게 천하를 통일하는
눈꽃은 백의천사로
하느님이 주신
축복의 세례다

온 누리가 하나의 일치로
켜켜이 쌓인 하얀 비단길
소우주를
단 하나로 통일시켜 주는
천지의 개벽이다

우리 영혼의 꿈 환상 같은 것
천상에서 주는 메시지는
미소가 산소 같은 사람으로
서로가 함께 공존하는
단 하나로 소원이 이루어지길

봄꽃 노을

연꽃으로 솟아난 남해의 영취산 분화구
파란 면경 속 하늘을 이는 구름 따라
사방 쪽빛 바다가 섬과 섬을 넘실대는
초원의 품에 잠긴 전령사 활짝 웃고
활화산 터지는 임 생각에 파문을 일듯
햇빛도 쉬다가 잠든 사이의 눈망울들
초롱초롱한 꽃무늬가 번져나간다

나그네 상춘객 왁자지껄 몰려와서
진달래꽃을 입에 물고 웃고 있다
산마루 굽이굽이 피바다 노을 치는
봄의 화신(花神)은 인고의 긴 세월에 지친
가슴에 묻어둔 첫사랑처럼
연분홍 꽃은 가슴에 피아노 치듯
봉황이 향기를 지피며 미소 지을 때

산마루에 걸린 두견새가 찾아오면
고향의 등불 부모님 생각이 절로 나네

매화

사군자의 인격과 후덕함이 쌓여서
빚어내는 그런 임의 향기가
한 떨기 꽃을 피우기 위해
정에 굶주리고 설한에 한을 남긴
품 안의 신열을 발산하여
이슬방울 건드리면 톡, 터질 것 같은
꽃망울의 다이아빛처럼
꽃송이 마디마디에 맺힌 영혼은
아가의 눈망울처럼 초롱초롱하고

신비롭고 애잔하게 피어오르는
봄의 화신은 천리향으로
백옥같이 맑고 청순한 당신
그~ 미소의 향신을
누가 너를 잊을 수가 있을까?
세상 풍상 경이롭고 꿋꿋한 기상
끈질긴 영혼의 넋으로
사랑의 찬미를 부르리라

엉겅퀴 풀꽃

태양빛처럼 화사한 새색시가
뭉치면 산다고
붉은 정열의 꽃송이 반석 아래
하얀 바늘이 합장을 하고
헤치면 죽는다고
둥근 바늘 꽃방석에 꿀을 품고
벌과 나비만 오라 하네
귀하신 몸, 얼굴 다칠까 봐
지금은 경비 중
접근방지 경고화살을 품고
침입자에겐 침엽으로 찌르고
허리의 잎새 큰 칼 차고 눈 부릅뜨고
외곽 경계근무 중
살다보면 늙는 걸 어떡하나
서러움이 산발해 있는 넌
백발노인 되어 솜털처럼 하늘을 날고
마음 내키는 곳에 가다
정착촌을 만들라 하네
새봄이 다시 싹트는
강산에 평화롭게 살고 싶어라

봄비가 온다

강남에 갔던 제비가 꿈을 싣고
겨우내 빈 가슴에 품은
사랑의 꽃씨를 물고 오면
꽃동네도 기지개를 켜니

춘풍에 돛을 달고 오는 봄비
이 산 저 산 영혼의 숨결이
산모퉁이 사이로 하얀 연무처럼
봄의 전령사가 되어
가슴에 훈풍이 몰아쉬면
촉촉이 마음을 적셔줄
봄비가 마중 나와 있다

버들강아지 꿈틀거리고
신비의 묘약을 적셔오면
마음의 등불 창가에
꽃비가 숨어오고 있다

개나리

봄빛에 입맞춤 하는
병아리 떼들이 담 밑에서
개미 눈물만큼 질금 흘리며
삐악삐악 엄마를 찾기에
뒤를 돌아다보니
노랑병아리 떼들은
팔랑거리며 손짓을 하니까

선생님은
차례차례 줄을 서라고 당부하니
서로 손을 맞잡고
환한 눈망울을 굴리는데

새봄을 알리는 전령사
산기슭에서는
겨우내 웅크리고 있는
노랑병아리 떼가
다소곳이 머리 숙인 채
환하게 방끗 웃고 서 있다

제2부
삶의 노래

백합

백옥을 품은 팡파르~

시공(時空)의 초점에서
미몽의 사연들이
가슴앓이를 하다 보니
수줍음을 살짝 헤집는
내 심장에 뜬 하현달일까

향기의 파장은 숨 가쁘다

인고의 몸부림으로
임을 기다리는 길목에서
잠든 이들을 깨우치듯
서로 구순하게 몸 비비며
소슬한 꽃 비늘을 접는가

삶의 노래

열정이 너무 뜨거워서 화살 같은 거
난타 공연처럼 삶의 이야기들은
주옥같은 노래와 학춤을 추는
그대 발치에 눈길이 잡혀도
생각을 묻고 물음표만 찍는다
한 소절(小節)도 망설였을까

애련한 물레방아 찧는 소리처럼
메아리 없는 혼돈이 깊어지는 눈물인가
인연의 업(業)을 따라가는
마음속 번뇌의 숨결인가
아슬아슬한 곡예를 바라보는 거
켜켜이 쌓인 벼랑 속에 걸린
적자생존 법칙인 밧줄의 그리움인가

나는 그대 오는 곳에 마중 나와 서 있다
그대 잡은 손을 놓치지 않으려고
세상 풍상의 어둠을 털고
그대의 동공에 발자국을 찍는다
그 얼마나 간절했던 기도인가?

백합

백옥을 품은 팡파르~

시공(時空)의 초점에서
미몽의 사연들이
가슴앓이를 하다 보니
수줍음을 살짝 헤집는
내 심장에 뜬 하현달일까

향기의 파장은 숨 가쁘다

인고의 몸부림으로
임을 기다리는 길목에서
잠든 이들을 깨우치듯
서로 구순하게 몸 비비며
소슬한 꽃 비늘을 접는가

봄의 손짓

— 입춘(立春)을 맞이하며

파발처럼 기쁜 소식을 안고
산등성이를 달려오는
봄의 여신(女神)이
비단안개처럼
마른 풀잎 사이로 쓰러지는
꿈의 그림자를 말아 안고

시린 손 냉기에 숨죽이던
벙어리의 아지랑이가
산과 들을 이어놓는
영혼의 푸른빛으로
새 옷을 갈아입으라는
귀머거리 수화가 한창이다

따사한 햇살 조는 언덕에는
푸른 바다의 숨결처럼 춤추는
청보리밭 흙냄새가 구수한
고향의 봄을
향기로 가득 채운다

봄비는 꿈꾼다

목마른 긴~ 터널의 가슴에
심령을 기다리며 묵상하노니
소리 없이 파고드는 비의 맥박은
산천을 어루만지며
풀잎의 입술에 입맞춤을 하듯
촉촉한 생명수로 보시를 한다

솔잎 끝자락에 맺혀진
물방울 다이아가 밀어를 속삭이며
가난한 넋들을 품어
하나의 젖줄 끈으로 실개천을 여행한
강은 넓은 바다의 품속에
긴~ 여정의 평화를 꿈꾼다

출렁이는 파도 소리 삶의 굴곡 따라
인생의 고뇌를 띄워
넓은 바다 가슴처럼 겸손한 심장으로
연분홍 그리움을 안고
평화롭게 살고 지고 싶어 하노라

주전자

삶의 무게에 짓눌려서
고달픈 애환을 폭발이라도 하듯
푸념과 투정으로 가슴을 다스리며

북받치는 분노를 삭히려고
기차화통에 물을 펄펄 끓여서
수증기 기적을 내품듯 나래를 친다

언제나 가슴 가득 채워져야만
제격을 다하듯 울렁거리는
삶의 굴곡의 번뇌를 벗는가?

나그네 고달픈 마음을 달래 주는
주막집 목로의 연민 속에서
사랑과 낭만 흥을 돋우고 슬픔의
좌절과 아픔의 시름을 달래 주는

황금막걸리 주인이 된 주전자는
무대의 주인공으로 출현하여
민초들과 함께 향유를 내품는
기적의 미몽 전도사가 되리라

아침 이슬

어제저녁의 노을빛처럼
어둠이 토해놓은 영혼
영롱한 보석으로 변신
청초한 풀잎에 그네를 타다가

아침 햇살에
그렁그렁 눈물을 흘리며
짧은 생애에 안주하지 않고
석양처럼 저물어가야 할 곳

심연(深淵)의
그때를 알고 있기 때문에
아침 이슬은
아름답다고들 하는가?

흔적(痕迹)

비단을 별이 밟고 가는 호숫가
내 마음을 던지면…!
풍덩, 동그라미 똬리로 파문이 일어
파란 수반 위에 빈 둥지를 틀고
빛바랜 침묵을 잡고 메아리치면
구름 한 조각 터널 웃음 짓노라
밤하늘 총총히 알배기 하는
은하수는 물고기와 순례잡기를 한다

빈, 공간에 채움을 위한 편린들
마실 왔다가 가는 바람이 꼬리 무는
나무도 호수도 춤사위로 던지고
세상은 서로 나부끼며 산울림처럼 노래한다
바다로 가는 저편 태풍의 눈,
먼 소실점의 뱃고동 소리가 나래 치고
쪽빛 바다 점 하나 조각배의 흔들림으로
사바세계의 노을처럼 눈을 감는데
성난 악어 떼가 삼킬 것만 같아서
내 생각을 쌓아둔 창고가 텅 빈 것 같다

쌍둥이 연민

함께 가요 우리는 짝꿍~

사랑을 속삭이며
어깨동무로 동행하는 나무
혼자는 외롭고 고독해서
둘이 하나가 되어
튼튼한 버팀목 뿌리로
주옥의 결실을 맺는가?
연리지*처럼~

오월에 붉은 입술 미소 띤
푸른 두 날개로 춤추는 너
바람에 날아갈까 봐
가슴을 조이게 하는 너
그대들의 화심은
사랑의 꽃 부나비인가?
연리초*처럼~

미몽 파트너에 심상 평화를

* 연리지는 나무인 반면 연리초는 몸에 감기는 덩굴손을 지닌 여러해살이풀(꽃)이다.

종이학(鶴)

꿈이 있기에 춘몽한다
마음의 끈을 잡고 학(鶴)을 접는데
소원이 이루어진다는 기대감으로
성황당에 소원의 탑을 쌓듯
영혼이 없는 그림자의 숲
무대 위 그림자 앞세운 허상일 뿐
연극의 시작과 끝이 보이지 않는데
호두의 뇌처럼 번뇌가 있을까

하늘을 향한 솟대처럼
미풍에 휘날리는 그림물감처럼
비틀거리는 마음의 찌꺼기는
생각의 보따리를 풀고
심폐소생술로 날고 싶어
햇빛에 뜬 달 무지개 무대 위는
길조가 내 안에 가득 품은
심상에 깊이 뿌리잡고 있을 뿐~

유혹(誘惑)

심상은 변덕과 간사한 요물단지
바람 앞에 선 갈대의 흔들리는 추
사탕발림의 언어에 덩달아 춤추고
미모 풍경 향기 음률 시각 입맛 등
사탄이 꼬리를 치며 다가오면
심안(心眼)은 중심을 잃고 갈등한다

우주만상 창조주의 품을 품는다.

그러나 유혹은 아름다움의 꿈이다
갈등과 번민 속에서도 자아를 잃지 않고
영혼의 내면이 동의하지 않을 땐
정도(正道)를 걷는 창작의 깃털로
새로운 이미지의 꽃으로 승화하는
눈, 높이에 따라가는 저울대로

해양신(神)

세상에서 가장 큰 가슴에 속도 깊은 바다
해 달 구름다리 놓고 하늘정원 꾸민 너,
언제나 수평을 이루는 평화지대
오선지 파도 건반 위 오르가즘 숨결을 느낀다

세파에 화음을 맞춰 율동하며
자장가를 불러주는 어머니 노래인가
별빛 섬 갯바위에 할퀴고 부딪친 신음도
탓하지도 않고 낮은 자세로 빈 곳을 채우며
모래톱 사이로 마음을 순화하며
해당화처럼 맑고 환하게 웃는다
그대는 순교자! 차별 없는 포옹으로
맑은 물과 썩은 물도 함께 동행 순화하여
용궁의 만물상의 식량창고 판도라 상자 속
부패방지 식탁에 향미의 소금꽃 핀다

갈매기는 하늘을 선회, 바다를 찬미하고
만선을 품은 어부는 콧노래를 부르며
노을을 이고 달덩이 같은 가족 품으로 가는
삶의 애환도 즐거움도 추억을 담는다

바위섬

무념무상 한 바다의 꽃
몸피가 굳는 바위의 성(城)

세상 풍상 시린 곳
알몸으로 버티며
허공 속에
버팀목으로 굳어버린 자리
바람 물새의 춤 풍광 소리
청풍명월 화답하는데

세상 풍상 시린 고뇌는
알몸으로 버티는 넋
세월에 무게의 피안은
검버섯 꽃만 피는구나
침묵의 메아리 속에
역사는 이렇게 삭는가?

낙도(落島)

바다와 하늘이 열리는 해성(海星)
백련화 구름송이 피어오르고
바다 가운데 까맣게 찍힌 점 하나
너무 외로워서 감기가 걸렸나
파도가 하얀 물거품만 토하는데
수평선에 금지선을 그어서
오고가는 나그네 발길을 막고
썰물이 가면 만물상을 만들고
밀물, 오면 영혼의 흔적을 지워도
마음속에 지워지지 않는 섬, 풍광

백조처럼 군상을 이루는 섬은
파도가 떠밀고 떠밀어 봐도
무거워 오지 못하는 애수를
물새 떼들만 날아와 위로하듯
발자국만 찍어서 수를 놓는데
갈매기가 하얀 알을 낳아놓고
어서 오라고 날갯짓을 해도
반짝이는 별빛만 바라볼 뿐
삶의 꿈 수채화 그림만 그리네

바다

지평선 너머로
붉은 햇살이 돋을 때
나그네들 파도타기
생명선을 타러가고

현란한 노을빛을
바다에 담을 때
만선으로 귀향하는
어부들 금의환향하고

별 하나 둘, 세고 있으면
창가에 임처럼
달빛이 유영하면
세상의 짐을 내려놓는가?

광대바람의 주술 굿

사막의 황사와 산업공해의 주범 분진은
이웃국가 저승사자의 분탕질로
눈이 따갑고 숨통까지 조이고 있는데도
광대놀이의 분장을 하고 치유하는
네~ 탓의 공염불만을 하고 있는가?

조국의 산야에 거북이처럼 뒤덮은
자동차의 매연으로 건강이 멍들고 있는데
공해의 주범인 내 탓은 어찌하오리까?

낚싯바늘 보지 않고 먹잇감만 보는 물고기처럼
서해바다 금지선을 넘나드는 가마우지가
조국 황금어장의 어족자원 씨를 말리는
저인망 해적 떼들의 횡포로 인해
어민들은 가슴에만 북을 치고 있는데~~~

월경하는 도둑고양이들을 어찌하오리까?
소 잃고 외양간 고치는 우리 영해의 파수꾼들
뒷모습이 추풍낙엽처럼 애처롭구나

소금꽃이 피는 어장의 퍼즐 늑골은
언제나 평화의 해방 물꼬가 될꼬?

* 하루 200~300여 척의 중국 어선이 월경해 벌이는 불법 조업으로 어민 피해가 극심해지자 분노한 어민들이 직접 중국 어선을 나포하는 문제가 야기되는 것을 보면서.

동화의 나라

유소년 시절에 콧물을 흘리며
바지저고리 입은 군상들
어깨동무하고 손사래 치면서
꿈을 먹고 자란 동심의 모교

왕개산 하늘에 뭉게구름이 피어오르면
산천초목이 학춤을 추는 운동장에서
전교생은 아침의 조회 시마다
나는 총지휘자인 6학년 급장으로
나팔처럼 우렁찬 구령을 부르며
아침인사를 서로가 나누고 나면
교장선생님의 훈화에 이어
조기의 깃발을 여는 체조로 몸을 풀고
동심의 소꿉장난이 시작되니
진리의 샘물을 마시면서
강줄기처럼 성장하는 아이들
아침 햇살을 풀어놓은 홍학의 군무
수정처럼 맑은 눈망울들 배움의 전당

봄의 농번기에는 농촌 모심기 봉사
가을에는 꿈나무들의 운동회는
학생 학부모 지역주민의 축제장으로

겨울에는 백야에서 산토끼 사냥놀이로
우리들 영혼인 연골의 성장과정은
금자탑을 쌓아올리는 원동력이었다

은하철도를 이어놓는 목화송이 심어놓고
지난날의 동심은 지금도 오로라처럼
내 가슴에 꽃이 피고 있어
나루터에 영혼을 싣고 봄 향기 나는
우리들의 삶에 좌표 같은
정겨운 은사님과 동창생들 생각 머문 자리

오~ 소우주의 심장박동 치는 북소리
그 소중한 탯줄은 진리의 샘으로
온~ 천하를 지혜로 횃불을 지피우리라
자랑스러운 나의 모교 마동초등학교*
우주의 피안을 만방에 힘차게 두드리라

* 마동초등학교 : 충남 서천군 마서면 송내리에 위치.

공허

사랑은 거짓말의 변주곡이지만
부귀영화는 바람 앞에 등불
분노는 정도(正道)를 해치고
기쁨은 칭찬을 주는 샘물인데

젊음은 무쇠도 녹이지만
노년은 뼈다귀만 남기고
꽃은 낙화하지만 씨앗을 남긴다

오감으로 느끼지도 못하는
구름 같은 미지의 시선만 남았는가?
이승 저승의 갈림길에서
목마른 사랑찬가 부르는 매미처럼~

제3부
기다림의 신화

기다림의 신화

하얀 은하수 꽃비의 파발로
하늘 등을 가리고 조롱하듯
세속의 옹달샘에 갇힌
지옥과 연옥의 갈림길 동동(冬冬)

북한의 꽃제비들처럼
천상을 향한 기도는
광야 민초들의 소리를 듣고
악마소굴을 벗게 해달라고

연분홍 나팔로 소원을 부는
그 영롱한 눈빛의 마력은
세상이변을 일으킨 동화로
평화와 안식의 메시지를…

꿈 같은
설화(雪花) 속에 핀 나팔꽃처럼~

새로운 시작 25시

귀인(貴人)처럼 다가왔다가 가는
상념의 긴 밧줄을 잡고 서서
여운을 건너가는 숨은 이야기 숲으로
만난(萬難)이 난무하는 소란의 거미줄
시와 음악이 흐르는 풍경 소리

봄바람 언덕의 언어들이 춤춘다
번뇌가 환희 속에 부서지는 포말처럼
햇살이 기웃거리며 휘감는데~
마음이 부서지는 발자국 찍는 소리

지나온 세월의 늪에 빠진 난,
네가 내미는 손을 잡을 수가 없구나
애달픈 사연을 잊어볼까 하는 마음일까
허무가 스치는 바람을 불러일으켜 볼까
서로가 쌓아놓은 침묵의 벽 잊은 듯

넌, 내 앞에 서 있구나
내 마음 노을처럼 저무는 언덕에서
너를 원망하며 부르지 못하는 숙명
꿈을 안고 그저 저무는 하늘은 말이 없구나
심신을 떨쳐낼 번뇌 얼마나 토해 놓아야 할까

끝내 지우지 못하는 기다림만
이명처럼 맴돌다 지나간 발자국처럼—
새로운 시작을 위하여

기다림의 신화

하얀 은하수 꽃비의 파발로
하늘 등을 가리고 조롱하듯
세속의 옹달샘에 갇힌
지옥과 연옥의 갈림길 동동(冬冬)

북한의 꽃제비들처럼
천상을 향한 기도는
광야 민초들의 소리를 듣고
악마소굴을 벗게 해달라고

연분홍 나팔로 소원을 부는
그 영롱한 눈빛의 마력은
세상이변을 일으킨 동화로
평화와 안식의 메시지를…

꿈 같은
설화(雪花) 속에 핀 나팔꽃처럼~

석산(石蒜)

당신은 어찌 삶의 잣대를 엇박자로
세상을 이분법으로 사려 하는가?

심장 하나에 두 마음을 품고
머리 또한 둘로 맞교대를 하는데
만물이 약동하는 춘하지절에는
지하에 꼭꼭 숨어서 운둔하다가

청풍명월 만추의 풍요잔치마당
신비의 고깔로 유혹하지만
기다리는 나비는 오지 않아
상사병 화관(花冠) 머리를 풀고 나면

삼라만상이 동안거 가는 길목에서
초록 날개를 달고 뒷북치는 너,
서로 마주 보지 못하는 인연의 고리
열병을 앓아도 이미 때는 지나고

설한 속 동지섣달 긴긴밤 외로워
못 이룬 사랑, 서로 가슴 토닥이며
천지신명께 몸을 담고 있는 한
순명의 기근(氣根)은 평화 무쌍하다

복수초*

별들의 고향 대지를 밟아가는
혹독한 설한을 품고 밀치며
봄의 시샘을 꺾고 일어서는
설화의 나라를 잊을 수가 없어서
타원형의 꽃은 톱니처럼 수난을
겪을 줄은 이미 예고도 하지만

아침 꽃이 열리고 저녁에 닫히는데
하늘의 은총에 감사라도 하듯이
항상 태양을 바라보다가도 구름이 끼고
흐린 날에는 시무룩하게 입을 다물고
처연하게 고개를 숙이고 있는 너

설화 속에 황금 보화를 품고 있는
네가 지니고 있는 맑은 영혼의 미소는
새해에 복을 많이 받으라고
복수초로 태어나게 한 용꿈인가 보다

* 복수초의 꽃말은 '행복을 부른다' 또는 '영원한 행복'이다. 복수초는 예로부터 꽃으로 세시(歲時)를 축복한다 하여 '복수초'라 부르게 되었다 한다.

토끼풀꽃

지상의 험난한 지느러미로
땅뺏기 놀이라도 하듯
초원의 방석을 만드는
토끼풀꽃으로 태어나서

연인들을 위하여
세상에서 가장 아름다운
꽃반지를 만들어 끼고
꽃목걸이에 꽃관을 쓰고
새 신부가 되어
하얀 융단의 광장에서
꿈을 키우는 축제를 하네

너와 나는 구원의 길을 걷는
그 수많은 클로버 중에
진주처럼 귀한
네잎 클로버의 행운을 안고
평화로운 초원에서
진솔한 연정의 끈을 잡고
사랑의 행진곡을 부르네

얼굴

창파에 노을이 동그라미를 그리는
얼굴은 물기둥 무지개 꽃으로 산란한다
태양처럼 떠오르는 등신불
달처럼 애수에 젖은 달맞이꽃
황금빛으로 파문을 이는 푸른 하늘
손바닥 지도 거울 속에 놀고 있다

나의 기억저장고에 가슴을 훔쳐간
금빛 주화에 반짝이는 그대의 얼굴처럼
금화의 앞과 뒷면에 새겨진 불꽃들
남을 비추지 못한 채 외침의 메아리만 치고
내 안에 품은 그릇에 담그지 못하니
신은 화상의 목걸이를 걸고 있을까
삶의 옹이 꽃은 향기를 움트는가?

그대 반짝이는 입술에 빛나는 그래픽처럼
영혼 속 신전의 얼굴을 조각하면
자신만의 이미지를 디자인을 통해서
세상에 하나밖에 없는 개체의 표징은
우주 거울 속에 집착하며 노을 친다
나침판처럼 탯줄을 걸어 놓은 분수대
소우주 이정표 상징인 자화상일 뿐이다

묵언수행

바람의 입속에 울고 있을 말의 귀가 응시한다
흰 수건을 흔들고 있는 구름은 작별을 고하는가?
사랑과 침묵은 바람의 심장처럼 요동치면
갈매기 발자국처럼 꽃을 수놓고 갈증이 담쟁이처럼 타오르면
내 영혼을 히아신스처럼 휘감고 경외의 모닥불을 지핀다
별들이 반짝이는 부리로 고독을 찍고 있다
꿀벌처럼 붕붕대는
내 영혼 속에 부재하는 이 밤을 두드리면
내 영혼이 달라붙는 하늘의 에너지처럼 회오리친다
산의 섬과 섬 사이에 달이 정박하고 있다
유랑하지 못하는 별들은
광인의 손아귀 개미귀신 집에서 떨고 있다
가슴을 베어 조각내는 아픔을 잠자던 새들이 솟아오른다
물고기 그물로 채워진 하늘의 그림자 옷걸이처럼 걸려 있다
산비둘기처럼 구구거리는 나비가 출렁인다
꿀처럼 달콤한 꽃 입술을 가진 그대여!
푸른 교차로에서 내 영혼과 함께 춤추기를
무한한 그 눈은 망각 속에서 파노라마를 펼치면
마법의 등대처럼 반짝이는 우주의 그 환상을 본다

아름다운 동행

우리의 눈빛 속에는 길이 열려 있지만
그러나 깊이를 가늠할 수 없는 초점이다
걷기보다는 뛰고 싶고 뛰는 것보다는
천사처럼 날고 싶어 하는
인간들의 욕망은 희비의 터널을 걷게 되는데

메뚜기와 철새들은 우두머리가 없다
메뚜기는 더듬이로 교감을 하지만
새들은 소리의 주파수로 교감을 한다

메뚜기들은 목표를 향해 먼저 한 마리가 뛰면
덩달아 함께 있던 모두가 한 덩어리로 뭉쳐
목적지를 향하는 군무를 이룬다

철새들은 V자 편대를 이루어 비행하는 것은
앞자리와 뒷자리에서 서로가 임무를 교대하면서
장거리 여행을 위한 에너지 보충을 한다
새의 날개 끝에는 공기 소용돌이가 생기기 때문에
V 형태로 유지하는 것은 새가 만드는 상승기류 현상을
효율적으로 이용해서 날아가기 위한 지혜다

철새들도 무임승차가 없듯이 삶이란 혼자서는 살 수 없고
모든 만남은 공동체를 이루어가면서 공생하는데
서로가 양보하고 이해로써 동행하는 것만이
우주의 질서 속에 서로가 호흡을 맞춰야 하는
순리의 기적 같은 영겁의 인연이 아닌가 싶다

분지의 별

쪽빛 바다의 숲에
먹물을 튀겨 놓은 꼭짓점

공허의 벼랑에 머문 조각달
심안에 심지를 켜고
탑으로 솟아오르는 파도가
술래잡기하는 그곳에 가면

꿈을 심는 은하수는
창공에 나래를 치는
갈매기가 벌새처럼
상상의 용꿈을 꾸면

바닷물은 휘돌다가 원점으로

길은 가도 끝없이

사람들은 누구나 가야 하는 길은 간다
목적은 사람마다 다르지만
길 따라 앞을 향해 가는 것은 똑같다
물론 희비가 엇갈린 교통로가 있지만
여명이 오기 전에
새벽길 상쾌한 공기를 호흡하며
많은 상념 속에 묵상을 한다

길은 가도 가도 끝없이 펼쳐지는 무한대
우리 인생의 가는 길도 파란만장하네
어머님과 눈도장만 찍고
눈시울을 적시며 고향 하늘을 등지는 길~
무거운 발걸음 한 발자국씩 거닐 땐
뒤돌아보고 또 돌아보고 미련만 남겼다네

세월이 가면 가는 길도 오는 길도
소낙비에 젖은 뒤, 땅이 굳어진다더니
그래도 우리네 인생은 삶은
항상 갈 곳이 있는 길이 있어서
희망이 있고 내일의 미래가 있다네

멈출 수 없는 도전

여행(旅行)은 되돌아오기를 전제하기 때문에
인고(忍苦)의 길 위에서 마법에 취해
삶이란 여행할 이유도 다양하게 제공해 주는
환상과 욕망의 목표가 시험해 보고자
숱한 장애물과 도전장을 던진다

그러므로 생각의 스위치를 올려라
여행 중 만나고 헤어진 억겁의 인연들
희로애락의 표정도 엿볼 수 있지만
모든 존재의 삶 속에서 부단한
이별의 연습이 있었기에 견딜 수 있다

더~ 멀리, 더 빨리, 더 높이 날고 싶은 바람처럼
한 조각 깃털마저 비울 줄 아는 번민의 길 떠난다
끝없이 마음을 다지나 오목에 갇혀
또 멀어져 가는 길 위에서 추구하는 의미와
하나의 이미지로 사라짐의 기표들이기 때문이다

구름처럼 흘러가는 순환 미지의 여행길은
보는 것보다 새로운 것을 갖게 하고
새로운 삶, 새로운 변화를, 변화된 삶의 추구는
보석 같은 희망을 얻기 위해 모험을 즐긴다

누구나 한 번 주어진 삶의 추구를 위해
한번쯤은 마음의 갈등과 회의를 찾을 때면
삶을 떠날 때까지 깨우치지 못하더라도
신(神)의 섭리를 거슬러간 꿈 같은 여정 속에서
산다는 것은 천지의 깃발에 추억이 된
아담과 이브의 천국이 아닌가 싶다

여행은 땀을 흘리며 체험한 것들에서 많은 상상력을 얻고
훗날 여행지에 대한 감성과 기억을 아느냐 하는 것이
주요 과제를 갖게 되기 때문에 새로운 세상을 펼쳐보며
자신의 자아를 느끼는 일상의 쉼표가 되어
안정궤도에서 삶의 재충전하는 기회가 될 것이다

삶의 파노라마

— 사노라면

삶의 시린 눈꽃도 접고
이른 아침 안개 속에 모락모락 피어나는
무람의 닭볏 푸른 속살 꿈처럼 피어올라
버들강아지 무희 할 때
서로의 담을 허무는 구곡간장 넘고
임은 화상(畵像)의 낙원에서 손짓한다

초록빛 가득 찬 우림(雨林)은
희망의 빗줄기 쏟아지면
근간을 이루는 새로운 피돌기로
긴 여름 불꽃 튀는 경쟁 속에
늘 푸른 초원 수목 장생하여
하늘을 덥고 천하를 통일하듯
공간의 시간 부서지는 포말같이
시원한 냇물 소리가 귓전을 울린다

남녀 간의 사랑은
서로 껴안고 공생하는
불꽃과 같고 구름과 같은 거

천고마비의 풍요로움 만끽할 때
삶의 두루마리 구름 접는 유혹의 메시지

안개 거친 오방색(色) 풍(風)은
고독과 고요가 공존하는 풍광의 나래
이야기보따리를 풀어 피안의 뿌리내리는
영혼을 하나로 묶는다

서리 밭에도 매혹의 비밀을 푸는
구절초 신비감에 가을빛이 녹는다
돌아서면 그리워질 연못에 머무는
임의 자화상처럼…
석양에 초점을 끈다
그리운 얼굴들이 머문다

삶의 갈무리 속에 태양의 긴 그림자
설한의 일몰이 하늘을 덮듯
온 세상을 두꺼비집처럼 숨겨놓고도
치아가 하나 빠진 것처럼 허전한
삶의 회한을 오들오들 떨며
안개 자욱한 가림막 속에 운둔하며
새날을 기약한 동안거에서
모든 것을 멈추듯 꿈속에서 신비롭다

사계(四季)의 나침판 신의 경지에서
잃어버렸던 시간들
하늘에 핀 무지개 꽃의 경이로움
내 마음의 꽃밭에 꿈을 주고
삶의 소중한 가치를 가지고
호연지기를 품은 태곳적 풍경의 요정
가는 길 뒤에 추억과 역사의 탑을 쌓는다

꽃초롱 아카시아

꽃내음에 가던 길 멈추고
햇살무늬로 반짝이는
초롱꽃 그늘 아래 서서

초롱초롱한 망울망울마다
눈맞춤을 하는가?

하얀 송이송이마다
영혼의 등불 밝혀주면
날갯짓을 하는 꿀벌들

향수에 취해 비틀거리는 너,
노을빛 덩달아 곱게 춤추네

사과나무의 얼

청산녹수에 춤추는
대지와 기근의 분수로
펴 올린 꽃의 미소
벌 나비가 꿈을 엮어

태양의 산고로
옥동자를 품어
불덩이로 승화하는가

달과 별빛과 노닐며
농부의 넋을 엮는
사과는 세상에 보시니라

생로의 아이러니

오색단풍이 온 누리에 한 폭의 전시장이 되면
인간은 겉모양만 보고 환호와 낭만을 즐기지만
그 자태를 뽐내는 화려함도
일순간에 지나가고 무지개와 같은 허황한
마지막 잎새의 서글픈 사연도 있다네

하늘은 찌를 듯 무성했던 삼라만상도
이제 낙엽이 지고나면
황혼이 저물어가듯 삶의 굴곡도 있다네
길가에 초라한 풍경으로 뒹구는
낙엽을 밟고 거니는 쓸쓸한 마음도
춥고 어두운 긴 터널의 외침도
겨울은 생존을 억압해도 반추하는 시간으로
고통을 감내하는 마음도 있다 하네

겨울잠을 자면서 내일의 부활을 기대하세
새봄이 활기의 평온을 되찾고 나면
꽃은 피고 열매를 맺어 숙명의 종족을 승화시켜
자연과 더불어 심오한 진리 속에
마음의 향기가 숨 쉬는 재활을 몽상하면서

생명의 젖줄 바다

생명이 있어 바다는 쉴 새 없이 노도를 친다
푸른 바다는 일출과 노을의 그림자보다
생명이 숨 쉬는 궁전으로
그곳엔 바다의 정액이 넘치는 식량창고!
연간 일억 사천만여 톤의 수산물을
이 지구촌의 곳곳에 공급한다

때론 인명구제 할 수 있는 의약품 공급원으로
일본은 근육이완제, 암으로 인한 통증 진정제를…
노르웨이는 바다의 박테리아에서
항생물질을 만들어 백혈병 위암 전립선암 등
많은 질병에 대한 실험 중이고

바다 밑에는 석빙고 온천 같은 요람도 있다
심해는 영양분이 없어 세균이 적고 수온은 변함이 없지만
반면, 열수공의 물은 약 350도로 방출되나
열수공이 있는 깊은 바다에는
햇빛이 없어 식물은 성장하지 못하지만
원시 박테리아가 황하수소를 먹고 산다
또한 바닷길은 지상보다도
물류운송을 절감하는 뱃길의 교역교도부다

인간의 이기심 때문에
바다가 핵 등 폐기물들이 썩고 부패되어 다시
인간에게 고통을 주는 독약으로 되돌아온다
바다는 푸른 파도가 출렁이는 단순한 바다가 아닌
생명이 살아 숨 쉬고 움직이는 유기체로
지구의 이산화탄소를 감소시키는 온도조절과
모든 생물들에게 수분과 영양을 공급하는
지구의 허파라는 것을…!
바다는 위대한 지구공간의 감로수이니라

지천령(地天靈)

하늘 아버지의 정액은
어머니의 자궁 땅에 잉태
목마 탄 왕자는
플라밍고의 새처럼…

온~ 누리의 천지
향기로 취하고
욕망의 불꽃처럼
자연을 재배하니

마음의 십자가로 가는
지혜를 주는 종소리
하늘나라 구원의 사다리
상서로움만이
모든 욕망을 비우고
삶의 짐을 내려놓는가?

제4부
마(魔)의 노예시장

히아신스(Hyacinth)

봄빛 햇살에 잠든 영혼의 바람은
경이로운 부활의 꿈을
당신의 치마폭에 감싸주며
기(氣)를 불어 넣고 속삭이던 너,

영롱하고 눈부신 화폭에 물든 노을처럼
보라색과 분홍 흰색의 넋은
순애보가 되어 그림 속에 맴돌며
꽃잎 없는 줄기 끝에 무리진 꽃자루 보석
작은 포가는 소담한 마천루 같은 여신

부메랑은 되돌아올 수 없는 침묵 속에
세상에서 가장 소중하고 사랑스런
너의 영혼의 빛 속에 흔들리는 별
바람결에 떠도는 전설처럼
심장을 마구 흔들어대는구나

사랑과 순결의 여신!
결코 잊지 않고 기억 유희의 부활을 꿈꾸는
야누스 같은 애절한 사랑가
'아폴로' 와 '히아신스' 영혼의 신화여

히아신스(Hyacinth)*

봄빛 햇살에 잠든 영혼의 바람은
경이로운 부활의 꿈을
당신의 치마폭에 감싸주며
기(氣)를 불어 넣고 속삭이던 너,

영롱하고 눈부신 화폭에 물든 노을처럼
보라색과 분홍 흰색의 넋은
순애보가 되어 그림 속에 맴돌며
꽃잎 없는 줄기 끝에 무리진 꽃자루 보석
작은 포가는 소담한 마천루 같은 여신

부메랑은 되돌아올 수 없는 침묵 속에
세상에서 가장 소중하고 사랑스런
너의 영혼의 빛 속에 흔들리는 별
바람결에 떠도는 전설처럼
심장을 마구 흔들어대는구나

사랑과 순결의 여신!
결코 잊지 않고 기억 유희의 부활을 꿈꾸는
야누스 같은 애절한 사랑가
'아폴로' 와 '히아신스' 영혼의 신화여

* 옛날 '히아신스' 소년과 태양의 신 '아폴로'가 서로 사랑하게 되었으나 질투에 눈이 먼 바람의 신 '제피로스'는 두 연인이 원판던지기를 하며 재미있게 웃고 떠들며 놀고 있는 것을 목격하고 자신의 무기인 바람을 모아 '히아신스' 쪽으로 힘껏 불게 했다. 원판이 '히아신스'의 머리에 맞아 그가 죽고 말았는데, 그가 묻힌 동산 위에 보석처럼 아름다운 보라색의 꽃이 피었다. '히아신스'처럼 씩씩하고 아름다운 모습이 닮았다 하여 꽃을 '히아신스'라 이름 붙였다는 전설이다. 히아신스의 꽃말은 '기억, 유희'이다.

마(魔)의 노예시장

강의 눈물이 되어 출렁이듯
혼미한 가마우지들의 운명처럼
창공에 나래 치는 새를 바라보며
노을 진 추억의 파장으로

목에 걸린 먹이를 토해내야 하는
흡혈귀들의 덫, 놀부 심사는
처연한 꿈의 나비로 침묵하는
마음에 위안을 떨쳐낼 수 있을까

가슴 시리게 의문부호만 남기니
아픔의 인습인 빗장을 풀고
그 점철된 뜬구름 위에
떠돌아다니는 영혼을 향해서

악마의 목구멍에
마음의 창(窓)을 열고 싶다

평화의 문

섬과 섬 벽 사이를 허물어 가는
누군가와도 문을 열고 싶다
문을 닫으면 견디기 힘들어서
소통의 삶을 살 수 없기에

나와 인연을 스치는 사람들
모두 다 좋은 사람들이라고
믿어야만 진실이 돼 찾아온다

설사, 그가 나를 속일지라도
그것은 그대의 몫이니까
눈빛으로 미소를 휘어 감고
그대가 문 열어 놓기를 기다린다

울 밑에서 핀 봉숭아들처럼
마음의 등불로 활짝 열고서
온~ 세상 신비가 가득한
마음의 문, 매 순간 열어가기를

장항의 미항

리아스식 서해안에 별빛처럼 우뚝 서 있는
장항제련소 깃발은 붉은 꽃으로 승화하면
강 건너 불구경하던
군산월명공원은 화폭처럼 피어나
장항항구에 손짓하며 환하게 웃고 있다

충남과 전북의 완충지대를 잇는
구름다리처럼 떠오르는 금강의 빛살무늬
백조 타고 통학했던 지난날 숨은 보따리
남녀학생들 간에 설긴 봉황의 꿈 산실

해적선과 고깃배들이 향수를 품는 곳
시가 파도 위의 달빛에 숨어오는 교교한 항구
해무가 입김처럼 뿌리는 사랑의 멜로디
지친 파도의 순환을 푸는 숨소리
임 찾아 모여드는 장항선 종착역의 부두

해오름처럼 천혜의 장관을 이루는 그곳
홍화로 물드는 노을 바다에서 만나듯
연락선이 닻을 닫고 서 있는
보물섬에 그물처럼 인젠 머물고 싶다

미로의 덫

인간은 생물학적인 하나의 객체일 뿐인데
시베리아 벌판보다 더 시린 삶의 변두리
자작나무의 하얀 비늘처럼 반짝인다
그리움만 메아리로 수런거리는 꽃잎 사이로
세월의 사다리 목화송이 구름만 펼쳐 있다
삶의 날개를 접는데 넘어야 할 인생 고개
가슴도 멍들고 포말처럼 파도가 부서지는
영혼의 갈등 속에 오만함을 내려놓는다

바람의 입술이 마음의 빗장을 열게 해준
그 행복했던 시간들, 가슴에 품고 살았으니까
피돌기가 흐를수록 주름살만 비켜간 아픔과
햇살 촉수의 눈부심으로 출렁대는 마음은
용광로에 활화산 누각의 꽃으로 피어오르고
시샘 바람의 울부짖음에 헝클어진 사유도
심경이 휘도는 허공이 억겁의 시간 불태웠다

삶의 용해와 아우성치는 그리움 조각의 꽃이 필 때
죽을듯한 불면의 밤은 미련만 가득 채우듯
공허에 허기 찬 비애의 적요뿐인가 보다
세상에 반란을 일으키는 아픔의 굴절은
왈츠를 추는 그리움의 전율만 흐를 뿐입니다

매미의 노래

한 여름날의 삼복더위에서
인간의 영혼이 갈증을 느낄 때
매미도 천사와 마귀할멈 같은
상반된 노래를 부른다

천사의 매미는 고운 목소리로
인간이 기다리게 하는 마음을 갖게
드문드문 자장가처럼 들려주는데

칠월~ 팔월~ 을 노래하듯
시류를 풍유하는 너희 마음에
고향의 봄같이 포근한
내 마음의 갈증을 풀어주고

맴. 맴. 맴. 맴~ 하는
넌 정말 고운 곡조 따라
인간에게 서정적인 시조를 읊고
감성을 푸르고 푸르게
삶의 긴~ 여운을 주고 있다

마귀할멈의 매미야 넌~

낮과 밤을 구분치 못하는 미친 매미는
공동주택단지 숲속에서 산발적으로
시도 때도 없이 무법자로 시위하는 양
열대야의 무더운 밤, 찜통 속에
인간의 인내와 영혼이 혼돈하는 순간
떼, 지어 찌르르, 찌르르 쉴 새도 없이
무아지경 속에
온 동네를 소음공해로 몰아넣어
인간의 정서에 못을 박아 숨통을 죈다

내 마음에 짜증스럽고 불쾌지수가 높은
지옥의 바다 속에 헤매게 꼬인다
정말, 주홍빛 울음소리는 귀가 따갑다
제발 천사의 매미를 보라
그리고 멀리멀리 사라져 주렴 아
인간의 속박을 해방시켜 주렴 아

세상의 모든 자유와 평화를 위해서…!

권모술수(權謀術數)

봄소식을 몰고 오는 뻐꾹새
이 산 저 산 메아리처럼
동심을 자극하는
뻐꾸기 시계추 알람 소리
정겹고 그리던 꿈이었나

남의 둥지에 알을 낳고 부양시키는
철면피, 면죄 받지 못할 너,
천인공노할 숙주(宿主) 새는
이국에 입양 후 성숙되면
보상 없이 귀가시키는 마녀처럼

인간사 죄(罪)와 벌(罰)은
유전무죄 무전유죄처럼
검은 마(魔)의 손길로
뻐꾸기의 시계추처럼
저울대의 추(錘)가 혼동하는가?

세상(世上)은 마(魔)의 소굴인가 보다

사계순환의 연자방아

세상은 찌푸리고 흐림과 맑은 날
순례의 괘도 속에 넘실대는데
월인천강의 고요 속에서
등대처럼 떠오르는 햇살이
누나의 보조개처럼 미소 짓듯
천지가 화들짝 불꽃으로 타고
파도 소리가 머문 사구에서
까치발 딛고 하늘 높은 줄 모르고
기상천외한 불사조처럼
정글의 타잔처럼 군림하니
명경지수가 펄럭이는 깃발
고깔모자 쓴 마술에 걸린 듯
주옥의 황금알 주저리주저리 품고
천지가 부럽지 않는 황태자처럼
꿈속에 비틀거리는 빈 가슴 사루
산 그림자처럼 내 살 깎아먹는 생체가
퍼렇게 피멍 들어 가슴앓이 하고
바람개비처럼 허우적거리며
절망에 기진맥진한 신음 소리
두더지처럼 암흑 속에서 고진감래 하나

생존의 딜레마

우렁이 각시는 잉태 후 자신 속살을
새끼 먹이로 주는 살신성인을 하고
맷돌은 자기의 몸을 갈고 갈아서
인간의 식품재료로 만들어 주는데
촛불은 자신의 몸을 태워서
남을 밝혀주는 등대가 되고

설화(說話)에는
능구렁이는 두꺼비가 독이 있어
잡아먹지 않는데…!
두꺼비가 능구렁이 앞에 다가가서
온갖 제스처로 바짝 약을 올리면
화(鋐)를 참지 못해 잡아먹고 나면
죽은 능구렁이 열 여섯 마디마디에
두꺼비 새끼 번식 후 세상에 나온다

삶이란 결코 인과응보처럼 드라마~

운명(運命)

첫 단추가 잘못 끼워지면은
불행하리라고 생각하지만…
대나무 속 마디마디마다
삶의 굴곡을 심어 넣고 가면
두루마리처럼 접고 가는 것처럼
세월을 비켜가기만 바라는 세속

동전의 앞면과 뒷면이 다르듯이
손바닥 안 생명선 지도를 펼쳐보라
이마 주름살처럼 산고의 지혜가 있듯
산은 산과 어깨동무로 구름을 품고
구름은 벙어리처럼 품고 있는
호수는 해와 달을 가슴에 담는다

종달새가 우짖는 햇살처럼
풍화작용은 유리창에 부딪히는
어둠과 바람뿐인 공황으로
해탈의 혈관 속에서
봄맞이 하듯 하늘 더듬는 소리가
인생의 일장춘몽이 아닐까

짝사랑

— 은행나무

당신과 나는 언제나 옆자리
바람 등불을 켜고
서로 마주 보면서도 만나지 못하니
길~ 건너편에 서서
호수에 비친 그림자만 보고
사랑을 은밀하게 속삭여야 하는가

너와 내가 서로 바람으로 비비며
손잡아서 춘희(春喜)가 춤추는데
색풍이 부끄러워 귓불이 붉어져도
은밀한 밤 싸락눈 터지는 소리
안개의 떨림인 꽃으로 피어나니

황금알 사랑을 잉태한 은행나무*는
무병장수로 오염을 정화시키는
지구환경의 파수꾼, 혈압조절의 약
당신을 신목(神木)이라고도 부른다.

* 은행나무의 꽃말은 '장수, 정숙, 장엄함, 진혼'이며 한국, 중국, 일본에 분포된 식물로 산소배출량이 보통 나무보다 많고 대기, 토양. 수질 등 오염을 정화하므로 지구상의 해충과 병균으로부터 자유롭다. 고대 일본에서는 불을 뿜는 나무로, 중국에서는 불을 삼키는 나무로, 우리나라는 전란 시 사찰이 여러 번 불탔지만 은행나무는 불에 타지 않아서 천황목(天皇木)이라 불렀다 하며, 조선 세종 때는 정3품 벼슬인 당상직첩을 하사받기도 해 명목(名木)이라고도 한다. 또한 은행나무 잎에서 추출한 성분으로 개발해 혈액순환제로 유명한 약들이 있다.

춤을 늑대와 함께

원시부족들은 자연과 조상을 숭배하며
추장 중심으로 일사불란한 규율 속에
자연을 품고 근심걱정 없는 부나비처럼
춤과 노래로 결속을 다지며
욕심도 없고 하루의 필요한 만큼 만족으로

산속에서 벌거벗고 자유롭게 살고 있지만
부끄러워하지도 경계도 하지 않고
적과의 동침도 성추행위도 없다
산짐승들도 각자의 짝이 있고
우두머리 통제 속에 질서를 유지하는데

허나, 우리 인간들의 현대문명세계는 지금…!

배부르고 등이 따뜻해 여유가 있을수록
매관 부정부패 견제와 성의 노예는
혈족도 뿌리도 근본도 없는 남녀관계는
아이도 어른도 구분치 않고 상간하는
성매매 불륜 성희롱과 농락 몰카족 속물들

배가 고프면 정의로워질 수도 있겠지만
물질만능의 부유는 자신만 있고
사회질서를 교란시키고 있는 세태

오늘의 1보 후퇴는
내일의 2보 전진을 위한다는 진리처럼
그대가 있음에
오늘의 내가 있다는 것을 직시하고
대자연의 질서 속에 타잔처럼 살자

화관무인(畵冠舞人)

— 그림자

그대와 나는 연인처럼
언제나 다정다감한 벗으로
같이 동행하고 함께 일하며
같이 잠을 자고 깨어나는데

당신을 곁에 두고도
애무도, 붙잡아 둘 수도 없고
내 옷을 입은 네가
저승사자처럼 꼬리를 달아
내가 웃고 웃어도
넌, 감정 표현도 않고
내, 등 뒤에 숨어서
항상 숨바꼭질만 하는가?

종이학(鶴)
한 마리에 그리움 가득 채워
내가 사랑하는 임이 된
또, 하나의 나를 발견하며
언제나 나의 수호천사로
동병상련의 고마운 친구야

온돌방의 향수

초가집 온돌방 아궁이에 군불을 지펴
구들장을 달구어 절절 끓는 아랫목
가족들끼리 원형으로 마주 앉아
오순도순 옛이야기를 꽃피우며
가마솥에 삶은 밤 고구마 껍질 벗겨
무김치와 함께 간식을 하며
시원한 동치미 국물을 마시면
꿀맛처럼 입을 즐거워했던 추억들…

어른들은 찜질방처럼 허리를 지지고
산모는 산후조리장으로
콩나물 키우는 시루와 메주를 띄우며

어머니는 정성을 다해
외출한 식구들의 밥상을 상보로 덮고
밥그릇은 아랫목 이불 속에 묻어
온기를 지피던 조상들로부터 터득한
지혜의 삶, 겨울나기는 온돌문화로
가족 간 따뜻한 정과 유대와
이웃 간에 정겹게 교류하는 사랑방
추억의 온기 화신에 그리움이라고 할까

보령어항 앞바다

새 문명을 분출하는
보령화력발전소가 등대가 되고
바람이 불면 바다는 눈을 뜨고
어선은 닻을 올리는데
멀리 원산도 효자도 안면도가
눈썹 같은 초승달이 되고
굽이마다 치마폭 너울거리는데
부서지는 파도가 몸살을 앓고
절규해도 끝내 말이 없는 바다

검은 두발 풀어헤친 광인 기도가
정액을 분출하는 신비로움에
천년의 향수를 뿌리며
선회하는 갈매기는
발목을 묶어 떠나지 못하고
폐선처럼 서 있는
미아가 메아리만 치는데
어항 속에 갇힌 내실의
향기가 밀려오는
푸른 바다가 고요히 잠든다

강화바닷가 갯벌 풍경

빛살무늬가 반짝이는 눈
크고 작은 생명들의 보고
먹이사슬 공존하는 갯벌의 세상
정교한 질서유지의 서식환경
변화무쌍함을 한 눈에 지켜본다

간만의 밀, 썰물의 교대로
변화를 주는 생명의 숲
조가비의 꿈을 품고 추억의 노래를
바닷바람 가슴에 안고
하얀 포말을 품는 파도 소리
발끝에 촉촉이 적시는 바닷물
발바닥 마사지 모래알들
인생도 묻히고 꿈을 꾸며
수평선에 노을이 깃들고
늘 새롭게 물들이는 낙조
황홀경 속에
갯벌의 아름다운 풍경은
원초적인 삶의 염원을 노래하리라

아사(餓死)의 늪

아파트 앞 화단에 깨어진 화분에는
말라 비틀린 채 버림받은 선인장은
목에 타는 갈증으로 시름시름 앓고
한때는 애지중지 주인의 사랑 속에
맘껏 뽐내던 기쁨도 잠깐
네 모습의 몰골은 간데없고 마치
방글라데시 난민촌 검은 대륙
아사의 늪 천진난만한 아이들처럼
굶주린 몸은 가죽만 남고
비틀린 팔, 다리로 환상하면서

구세주가 언제쯤 올려나~
기다리다 지친 울부짖음과 통곡의
기도 소리가 혼미하듯이
고아로 입양된 어린아이 보살피듯
사랑의 불씨를 지펴
부활의 삶이 회생되자

생명의 구원자에게 보은(報恩)으로
예쁜 영혼의 꽃으로 다시 산란하여
연속 꽃향을 피고 지는 기쁨조로
마음의 평화와 안식을 구가(謳歌)하노라

제5부
내 인생에 황혼이 오면

열매

태양 초점처럼 맺는 핵
시작과 끝이 둥글다
뿌리는 두더지처럼
둥글고 닭발처럼 뻗지만

열매가 같은 건 아니지
옥석이 있고 독성이 있듯
마술향의 특성들이 있다

열매를 맺지 않는다고
과수댁은 아니지
향기와 푸른 그늘과 우산
살신성인의 몸을 내준다

열매가 없다고 한들
밀알이 없는 건 아니다
뿌리로 자손을 키우니까
음양(陰陽)과 조화(調和)의 진리로써

내 인생에 황혼이 오면

순명을 다하지 못하는 굴레 속에
머리와 가슴이 따로 노니는
징검다리 하나를 놓고서
당신과 내가 혈맥을 잇고
세포를 품고 있다는 것은

붉은 심장 열고 마음 불타던 정열도
귀뚜라미 연가 리듬의 실루엣처럼
파랑새를 놓친 호들갑에
영혼의 그림자를 밟고 가는 나그네
누군가의 긴~ 바람처럼
낙엽만 책 속에 탑의 내공만 쌓는다

신(神)의 부르심일까?
내 가슴에도 소리 없는 노을처럼
부메랑이 되어 심지에 불이 꺼지면
가슴 뜨거웠던 사랑도 이별의 아픔도
삶의 상흔은 옹이도 아물 듯
지나간 것은 초점이 보이지 않을 뿐
세월의 깊이는 물과 같은 것
추억의 창고에 채워지지 않고
인생(人生)은 억겁에만 묻혀버리는가

열매

태양 초점처럼 맺는 핵
시작과 끝이 둥글다
뿌리는 두더지처럼
둥글고 닭발처럼 뻗지만

열매가 같은 건 아니지
옥석이 있고 독성이 있듯
마술향의 특성들이 있다

열매를 맺지 않는다고
과수댁은 아니지
향기와 푸른 그늘과 우산
살신성인의 몸을 내준다

열매가 없다고 한들
밀알이 없는 건 아니다
뿌리로 자손을 키우니까
음양(陰陽)과 조화(調和)의 진리로써

화심(花心)

하늘을 희롱하듯
양귀비 같은 얼굴은
지구 다이아몬드 같은 빛이여

풍파에도 흔들리지 않는
야생마와 같은
들꽃들이 합창하는 향기여

기쁨을 나누고
슬픔을 위로하는
전설의 이야기꽃이 되소서

삶의 푸르름과 황홀함으로
세상의 모든 자연에게
희망찬 밀알의 꽃이 되소서

그대의 손을 잡고서

새해가
등꽃처럼 피어오르지만
우리는
지금 살아온 날보다도
살아갈 날은 얼마 남지 않았다

그러나
우린 항상 서로 눈빛만 보아도
첫사랑 연인처럼~
가슴이 설레고 흥분되는 것은
천생연분이 아니어서일까

오늘 밤은
우리 함께 늑대의 춤을 추며
사랑을 찬미하는 날
그저 바라만 보아도 반딧불로
숨은 이야기꽃처럼 피는

그대와 나 손에 손을 잡고서
뜨거운 가슴에 머무는 사랑
당신은 영원한 나의 연인이니까

고운 임 그리워

오방색 미풍이 노래하며
풍상이 산란하고 있는데
누구를 기다리는지~

보고 싶은
얼굴이 떠오릅니다

당신과 나와의 소통하는
삶의 지표를 그리며…

홍엽의 편지가 나래를 치듯
당신 곁으로 다가가고 있습니다

사랑하는 마음으로

누각에 올라서서
명상에 숨을 불어 넣어 봅니다

견우와 직녀가 만나는 날
고대하며~~~

나의 살던 고향

꿈과 그리움을 여는 창
귀소본능의 송어 떼처럼
어머님의 자궁 속 뿌리를 찾는다
언제나 포근히 반겨주는
내 영혼의 안식처
복사꽃 살구꽃 피는 꽃동네
유년 시절을 회고한다

산등성에선 뻐꾸기와 종달새가 노래하고
아버지는 쟁기 맨 어미 소, 고삐를 잡고
체직하며 밭갈이 할 때 송아지는 천방지축
어머니는 뒤좇아 밀알의 씨를 뿌리던 곳
나는 소, 염소에게 줄 풀베기를 하며
소년의 마음은 푸른 하늘을 떠도는
구름 위를 날아가고 싶었던 시절
잠시 멈추고 인생의 탑을 또 쌓고 있었다

내 삶은 갓길도 지름길도 없는
가을빛 잘 어울리는 지난 추억들
새로운 여정은 낮은 계곡으로 내려앉는다
처음부터 정해진 길은 없고
고향의 탯줄만 있었을 뿐인 것을!

고향의 망부석(望夫石)

고향의 산모퉁이 입산 길
시린 눈비바람에 맞선
늙은 소나무는
아버지의 허리처럼 굽어 있다
오리발처럼 뻗은 뿌리는
어머님 군살 붙은 손등과 같다

푸른 바다의 해저처럼 깊고
넓고 넉넉한 품 안에서
자식들을 품어주고 길러주신
어버이의 마음 헤아리지 못하고
부모가 되어서야 알게 되어
회한의 눈물로 그리움에 산다

늘 푸른 소나무는 언제나
새끼들을 영원히 품으려고
오늘도 고즈넉하게
산야에서 사계절 내내
망부석의 우산이 되고 있다

독백의 소나무

하늘을 이고 치솟은 계룡산 장군봉
독야청청 벼랑 끝 바위에 둥지를 튼
곰배팔처럼 구부러진 가느다란 너의 허리
척박한 토양 위에 석간수를 품으며
비바람 눈보라 피부 속을 파고드는 시련도
오장육부가 뒤틀려도
인고의 세월 감내하며 적자생존을 위해
하늘을 향해 용틀임하는 늠름한 기상

한줄기 변함없는 그 자리를 지켜오고
마음이 허한 길손을 향하여
창공을 가르며 날아가는 산새들과 함께
살랑살랑 춤추며 하늘을 향해 봉시(逢時)하는
너의 끈기 있고 굳건한 기상과 슬기로움으로
천년만년 이어질 늘 푸른 소나무는
군자처럼 민족의 혼과 영혼을 지키는
우리의 삶과 문화인 민족적 상징이어라

산사의 연등(煙燈)

신록이 눈썹처럼 햇살을 타고
얼굴을 살포시 내미는데

산사의 줄다리와 나뭇가지마다
소원을 가득 담은
오색영롱한 연등의 꽃 주렁주렁
심야에는 허공에 둥둥 떠올라
보름달처럼 어둠을 밝히는
위성의 별자리로 반짝이누나

빛 고운 그 연등 속에 품은
인간의 가난한 마음들을
향긋한 봄바람에 실어서
저~ 높은 하늘을 향하여
솟대처럼 멀리멀리 날아가라

자비하신 붓다의 해탈은
네 꿈이 하늘에 비단길 열도록…!

* 연등(煙燈)축제의 기원은 2,500여 년 전이다. 석가모니 부처가 영취산에 있을 때 어느 깊은 밤, 모든 불이 꺼져 있는데 난타라는 가난한 여인이 성불(成佛)을 기원하며 정성껏 등(燈)을 밝히고 있는 것을 본 부처는 “이 여인은 등불 공양의 공덕으로 성불할 것”이라고 말했다. 이때부터 등(燈)을 공양하는 풍습이 생겼다.

심산유곡(深山幽谷)

산이 높으면 높을수록
계곡은 더 깊어지는데
산마루를 뒤돌아보면
푸른 하늘 지붕만 뜨고

깊은 산골짜기는
하얗게 내뿜는 숨결처럼
냇물만 유유히 흘러가면서
바위 갓([illegible]), 이정표를 삼아
물뿌리를 따라
밀치고 떠밀려 숨이 막혀도
바닥을 핥고 다듬으며
깊은 골 사연 따라
인고의 세월은 흘러가도

부서지고 무너져도
새 길을 창조하며 멈추지 않는
천년의 역사를 사색하며
고요한 평화가 잠들다

금강별곡(金剛別曲)

비단 물결이 굽이치는 산하 청풍명월
불가분성은 없는가?
뜸봉샘 발원지를 품은 풍수(風水)가
연못을 만들고 여울물은 샛강으로
피아노를 치듯 굽이굽이 흐르는데
용궁이 된 대청댐을 합류하는
금강(錦江)은 마곡천(馬曲川)으로
반딧불이로 밝히는 바다 아닌 수몰 섬들
삶을 뿌리내린 고향의 파수꾼이 되어

먼~ 이국의 별빛만 바라보듯 향수 마시며
밤이 깊도록 그리움으로 가득 찬
동지섣달의 긴긴밤 애수
라디오 귀를 삼아 기운이 멈추지 않는
아침 햇살에 꽃구름의 꿈이 핀다
실비단 물안개 속 갇혔던 육지 속의 섬들
인간의 무풍지대 반딧불을 품고
물새들이 노래하는 강변에 가슴 품고 누워
오감으로 자연의 향기가 머무는
샛강의 여울 속에 노니는 토종 어종들
삶의 맛 자랑, 별미를 만들어가며
강의 숨결 여정은 심산의 달무리에 머문다

풍경 소리

고즈넉한 옛 고택의 추녀 끝에
두 눈을 부릅뜬 물고기 한 마리
목매어 찰랑찰랑 춤을 추며
우주를 헤엄치듯 나래치고 있다

죽어서도 눈을 감지 못하는 네 영혼
무엇이 그리워~ 미로에서
파수꾼으로 영혼들을 잠을 깨우나

허공에서 외줄 타는 광대의 목어는
이승 저승 사랑과 미워하는 정분을
속세에 묻어주고 가자 하는
천상의 인경 소리처럼
세상의 평화와 안식을 주문하는가?

사랑꽃

꽃은 인류의 보배요, 아름다운 요정이다

벌거벗은 여체는 신비성을 잃듯
꽃은 반만 피었을 때를 보라
꽃에도 욕망이 있기에 화려한 빛깔과 향기로
저항하고 유혹하고 계략을 구사 숙명에 맞선다

꽃은 자연을 통해 자신을 세상에 드러내고
유혹의 키워드를 이용 다채로운 꽃잎의 화간
입술 위에 올라앉은 씨방의 화분을 담는 수술로
유혹을 하는 경이롭고 신비스런 마법이다

꽃은 꽃무늬로 꿀샘이 있다고 손짓을 하여
곤충들을 유인하는 이정표의 길을 열어주지만
벌은 노란색을 좋아하나 색깔을 구분치 못하고
자외선을 이용해서 보는 암호를 가지고 있다

그러나 꽃은 화려함의 뒤안길에는 꽃상여로 가는
낙화의 슬픔과 추함도 동반하는 그림자 같은 것

너에게

파도처럼 너울로 넘고 타고서
더 높게 일어서라고
흔들바위처럼 출렁이듯
시퍼렇게 가슴이 멍이 들어도
부딪치고 분열이 되어도
골수가 세포까지 반란을 해도

울지 않는 새 너에게는
바다를 닮아보라고 외친다
삶의 회한 상처 난 가슴 헤집고
하얀 포말 그리움을 치유하나

무게중심의 삶이 흔들림 없이
파고처럼 고고하게 일어서서
파란 하늘을 가슴에 품어보라고
사구에 등불 밝혀 걸어두었던
해당화의 염원처럼~
마음의 빗장을 열고 일어서라고

그리고 항상 너는
내 곁에 머물러 있으라고

하얀 나비 목련화

무지개 가시광선으로 수런수런
달빛 그림자를 밟고 가는 자태
눈빛을 비집는 나목의 끝자락
모락모락 순결을 심어놓고
한기에 떨고 있는 자리 반딧불 켠

봄바람 간지러운 사위 위에
향불이 터지는 소리
함박웃음의 합창 소리
선녀처럼 눈부신 춤사위로
순백의 봉황새 수를 놓으면

은빛 나비처럼 나래를 칠 때
후끈 달군 맞바람 가슴앓이로
한 소절 목, 떨구는 통곡의 계곡
부활을 꿈꾸는 자장가로
억겁의 비늘을 펴고 지우려는가?

침묵

산새들 날개 접고 간 자리
산객도 멈춘 곳 나목들
고즈넉한 겨울 산장에는

폭포의 하얀 눈물도
악마의 목구멍도
동장군의 기세에 눌려

빙벽의 구름다리가 노니는
수정 같은 마음으로
세상의 중심에서 서 있다

유리벽을 품고서 머문 자리
마음도 심장도 얼어붙은 곳
발정 난 은하수만 미소 짓네

새봄이 연미복으로 입으면
춘몽은 희망의 파도를 타고
시공에 산소 같은 꿈을 이룰까

눈망울

꽃 초롱처럼 초롱초롱한
그녀의 눈빛은
처음에는 내 꿈속에서
반짝반짝거리는
마음에 등불로 언제나
가슴 속에 켜고 있었다

태양보다도 더 밝고
내 심장을 뛰게 하는
청진기처럼~~~
꺼지지 않는 등불로
세상을 다 가진 듯
콧노래 부르는 환희

환한 하늘은 핏기가 돌아
항상 불을 밝혀주고 있다
별에서 떠오르는 여신처럼
흑장미 꽃밭에서 놀다
찐한 향기에 취해 예고도 없이
짐을 꾸려 떠나는 너를 본다

주목(朱木)

세상을 깨우치는
시간과 계절이 쌓여진 나이테 사이로
귀신 쫓는 단단한 붉은 사리 꽃
살아 천년 죽어서 천년 향기 품고
세월의 깊이는 덕형(德馨)으로
세상의 각질을 벗어내고

고요한 산 그림자처럼
세상을 품는 병풍처럼
산정의 수호신 지팡이로
모두 포용하며 하늘과 소통한다
영혼이 머물 곳 늘 푸른 산천
그네 뛰어 넘어가고 싶다

나도 주목의 실루엣처럼
삶을 푸르게 빛을 발하고
죽어서도 세상의 깃발로 남고 싶다

제6부

물안개처럼 날고 싶다

백일홍(百日紅)

대장간의 화염처럼 달구어진
연분홍 색시의 화관머리가
백일기도의 염원을 피고 진다면
최장수의 넋을 지닌 화신이여!

내 안에 남기고 싶은 본능처럼
심안에 숨은 마력은
그~ 활기가 넘쳐흘러
내 연못의 심장에 활화산 터지듯

품위와 지조를 지키는 선비처럼
이어 피는 그 사랑의 꽃으로
만인에게 후덕한 당신의 미소는
아~ 지상의 낙원 경이롭구나!

물안개처럼 날고 싶다

운무가 자욱한 산기슭에
숨결처럼 맥이 흐르는 물줄기
바위에 핏줄처럼 부딪혀도
고요 속에 메아리로 넘어
태산처럼 모아지는 물줄기
시냇물로 종이학 띄우고
뱃노래를 부르며
어디론가 가고 있다

우리네의 삶도
물줄기 옹이처럼
이마에 인생 지도 그리며
낙엽처럼 나래 치는
물안개가 되어
하얀 이슬방울처럼
구름 위로 날아가고 싶다

젊은 날에
눈부신 과녁의 까치놀처럼
가슴에 안고
어디론가 가고 싶다

백일홍(百日紅)

대장간의 화염처럼 달구어진
연분홍 색시의 화관머리가
백일기도의 염원을 피고 진다면
최장수의 넋을 지닌 화신이여!

내 안에 남기고 싶은 본능처럼
심안에 숨은 마력은
그~ 활기가 넘쳐흘러
내 연못의 심장에 활화산 터지듯

품위와 지조를 지키는 선비처럼
이어 피는 그 사랑의 꽃으로
만인에게 후덕한 당신의 미소는
아~ 지상의 낙원 경이롭구나!

심상(心想)

인생 절제된 세속 비늘 빼기고
순금처럼 반짝이는
평화의 비둘기를 몰고 오면
고뇌와 슬픔의 번민은
중력을 읽고 포로가 되지만

공황에서 눈을 뜨면 언제나
달무리가 꼬리를 무는
내 가슴에 오로라 꽃이 핀다
심화의 온유한 심장을 풀고
수수께끼처럼 맴돌면~

햇살처럼 발광하고
달빛처럼 교교한 아름다움도
해가 지그시 눈을 감으면
숫처녀가 초경을 하듯
노을빛만 애처로워지누나

종착역이 없는 천체(天體)여
카오스(Chaos)의 노스탤지어라

심화(心花)

눈을 감으면 안개처럼 떠오르는 별
가슴에 보석처럼 담지만
곁에 있어도 확인을 하고 싶은 것

사랑이 무너지면 속살이 보이듯
세상에는 좋은 사람도 많지만
결코 느낌표가 없다면
그 사랑은 아무리 곱다 한들
꽃의 분심(分心)은
행복과 불행은 리듬 타고 오는데

로마 신화에 나오는 사랑의 신(神)
장난꾸러기 요정 '큐피드(Cupid)' 는
사랑과 미움의 두 종류, 화살을 가지고 다니는데
어떤 화살에 맞느냐에 따라서
욕망의 희비가 엇갈린다는 운명처럼

언어란 천(千)의 얼굴을 지닌 도구로
사람의 마음속에는
설도(舌刀)를 품고 시공을 날고 있다
꽃은 무덤이 없다 그냥,
시류에 바람처럼 여행할 뿐이다

세월의 시추

파아란 하늘도 늘 푸른 산천도
청춘의 떡잎이 나래를 치며
세상을 보듬고 가는 시추(時推)

악어와 악어새처럼
여름 햇살 견뎌온 미몽의 손짓으로
성숙하게 키워온 생채기를

노을 빛살 무늬로 허공에 날리고
이별의 모닥불로 노래 부르며
하늘의 명경(明鏡) 속에 하롱하롱

자신의 모든 것을 다 내어주고
향유를 토지신에게 남기며
저물어가는 뒷모습이 아름답다

두더지 숨 쉬는 겨울을 견뎌서
이 땅을 딛고 서는 그리움의 돛
영혼을 두고 가야 할 때를 알기에

춘풍이 봄비를 희롱한다 해도
원점으로 회귀하는 것……

한 알의 밀알이 되어

앞산에서 임들이
모닥불을 지피는
화창한 누드 연등

해오름이 풋풋한
무릉도원 정령들
연초록 바다의 천등

훈훈한 나눔의 정분은
십자가 지고 가는
눈물을 토해낸 천등

과녁의 잔설은
소라 속으로 회귀
심장 속 뛰는 연등

향유하는 그대는

우리가 꽃과 나비가 되어

내 가슴을 뛰게 하고
꽃보다 더 향기 나는
반달처럼 울렁거리며
별의 꽃비가 흐르는
고향의 강나루터에서

우린 꿈을 엮어가며
해가 지그시 눈감으면
초경하듯 노을 꽃처럼
허공에 황금비 나래 친다

달빛의 요요한 그림자
귀머거리의 침묵만이
눈빛의 덫에 걸린 임
희미해진 호롱불처럼

꿈의 달무리 속에서
머리 풀어헤친 버들가지

어깨동무하고 출렁이며
전생에 못다 한 정분까지
우린, 우주의 먼지 중 하나

마음이 흐린 날에

불면의 밤 야수
눈을 감고 있으면
구미호가 꼬리를 무는
엇갈린 긴 터널 속
이마에 스치는 바람처럼
원치 않는 사연의 꼬리가
창파에 파문을 일고 나면
눈앞 발등에 침이 꽂이고

만물의 시야를
안 보고 안 들으려고
애써 노력하지만
중력을 잃은
무기력함 때문에
멍하니 공황의 장애
깊은 수렁 속에
빨려 들어가
바람처럼 왔다가는
창조주의 전구가
가슴을 사로잡고 간다

마음속 바다를 보라

세상의 모든 사물과 소통하여
흩어진 마음을 한데 묶어가며
오물탕도 누룩으로 빚어 옥빛 만들고

쉬지 않고 출렁이는 파도를 다독여서
너울로 음률을 만들어 춤추며
꿈을 심어 놓고 희망을 품고 가는

세파의 풍랑을 제어하면서
폭우가 난무하면 파도에 눕는다
구름에 노을을 빚는 나그네처럼

시선의 표면에 겉포장을 하지 않고
내면에만 요술부리는 동화의 나라
평화의 숲에 연리지를 위하여

생성과 소멸

침묵의 밤을 태운 햇살처럼
코가 바람의 언덕에 서면
입은 악마가 되고
귀는 청중을 이끌고
눈은 지옥이 되어
정지된 화면처럼 피어오르면

소멸은
허무를 담아내는 바다요
사랑은
마음도 눈처럼 녹인다
자식은
바람처럼 날아가고
어버이는
허수아비가 되어도
망부석처럼 지킨다
나는
배웅하는 마음의 끝자락
바람 빠진 풍선처럼 노을만 뿌린다

시그널(Signal)

도깨비방망이 빨강 파랑의 영혼들
서로 어깨를 껴안고 왔다갔다
눈썹 같은 초승달이 웃고 있다
사랑과 연인은 낚시로 엮는데~
초롱에 갇힌 채 퍼덕이는 새는
마음을 얻지 못하는 불사조 세상
피조물은 과속방지턱이 없는
장편소설로 고독 속에 머문 채
암흑 속에 산란하는 영안은
신의 저장고 속에 떨고 있다

마음의 빛이 만발하느니
자신의 존재감을 드러내는
조각의 밑그림으로
자성과 번민, 시련과 극복
기적보다는 성찰하는 확대경
마음 안에 십자수를 놓는다
빛의 유령처럼 시시각각
공간 비탈을 휘어 감고 변화를 주는
구름 위를 걷는 꿈속으로
자유의 꽃구름 나침판 여신이여

고독한 잎새

한때는 요정의 숲으로
새들이 노래하고
밀어를 나누던 사랑의 장(場)
불같이 타오르듯 붉은 화신은
천지를 개벽할 기세도 멈추고
아물지 않은 상처만 입고
이젠 뿔뿔이 흩어져
나 홀로 남아 있구나

나뭇가지 겨드랑 사이로
초승달이 벗이 되어
하늘과 땅을 넘나드네
칼바람이 몰아쳐도
벌레의 움집이 된
생명의 파수꾼
마지막 잎새는 울고 있나

지친 몸의 나신(裸身)에서 춤을 춰도
꿈이 있어 외롭지 않고
숨결이 멈추는 시간
지열(地熱)의 흙냄새를 그리워질까

침묵은 금이다

대자연과 세상 속
동병상련으로
일체감을 주는
바람처럼 살고 싶다

고기가 없는 연못처럼
생명이 없는 그림자와 같이
새벽에 닭의 울음소리도
일출과 더불어 시작된 일상
마감해 줄 일몰도 없고
차가움도 떨치며
따사함도 없을 테니까

하나의 떡잎인 눈동자는
버릴 줄 모르는 그대 사랑
맑은 눈, 첩첩산중의
고목으로 고고하게 서 있는데
그 형형색색과 풍광은
옥구슬 같이 영롱한 눈빛
그대 불꽃이 피어오른다

마음의 창(窓)

마음은 항상
카멜레온처럼 변화되어
고갈된 샘물 같지만
마음의 창을 열면
바다처럼 넓고
하늘처럼 넉넉하다

순수하고 참신한 마음은
움직일 수 있는 도구로
마음을 얻는 천금 같은 것
푸른 안개 속
성난 파도를 헤쳐나갈
너와 나는 등대지기로
서로가 지팡이가 되어
발을 맞추어 거닐고
꿈을 주고 마음을 주고
뜨겁게 두 손을 잡으며
한 배를 타고 항해하는
늘 내 가슴속에
그렇게 감동을 주는
사람이면 좋겠습니다

루비알 대추

춘풍에 연초록 가시꽃만 하늘거리다가
늦은 봄의 가뭄 시기에 늦잠을 깬다
동백보다 더 반질거리는 잎새 속에
예쁜 것도 없는 있는 듯 없는 듯
아기별꽃은 복중(伏中)에서 피는데
한 송이 꽃은 피는 대로 열매가 되니
꽃은 곧 열매로 승화하는 다산이 아닌가?

삼복(三伏)에 젖꼭지처럼 출렁거리며
농익는 햇살에 가을 연가를 부르니
더울수록 색깔이 곱고 당도가 높으며
피부는 매끄럽고 속살은 감주보다 더 달고
빛깔은 보석 같고 풍기는 향내는 은은하니

대추는 명과로 제사상에 첫 번째로 오르고
씨가 하나라서 임금을 상징을 한단다
결혼식의 폐백상에서 부모는 첫 번째로
새 며느리 치마폭에 대추를 던져주는 것도
대추나무를 닮으라는 선조의 지혜가 아닌가?

하느님의 도우미로 세상을 품어가듯
영혼을 닮은 명과의 명성이 아닌가 싶다

설원의 나목(裸木)

대자연의 생사(生死) 체험장에서
오색 색동옷으로 갈아입고
천하일색 뽐내다가
계절의 꿈을 버린, 너
저승사자의 빛살 받아 묶인 포로

형제들과 삼삼오오 짝을 진 알몸
하얀 눈의 이불을 감싸 덮고
발을 동동 구르고 떨면서
눈을 감고 참선을 하여
하얀 산호초의 꽃으로 피어라

동정녀처럼 백야에서
잠시 숨을 고르며 멈추고
칼바람 속에서
하늘을 이고 지나 구름은 가고

백화의 장승이 되듯
몽유병자가 되어
따사한 햇빛을 불러들여
파란 얼굴 내밀 희망에
연민의 봄을 그리워 꿈꾼다

설강(雪江)의 침묵

강물은 침묵한다
하늘엔 솔개 떼들이 선회하며
화살을 정조준하고 있다
강 위에서는 부산한 오리 떼
날갯짓 비상하려는
마음의 길 위에 선다

잿빛 구름이라도 깔리면
겨울강변은 애잔했다
풍경도 을씨년스러워도
쨍하고 햇살이 뜨면
한낮의 강변 모래밭은
갈대의 흔들림 속에도

푸근한 성찰의
관조처럼 따뜻한
내 마음 아지랑이로
피어오를 듯 사랑스럽다

무궁화

우리의 마음 안에 있는 심장
아침 이슬에 벙그러지는
당신은 방방곡곡에 피는
통꽃은 하나로 일치하는
우리 민족을 닮은 영혼이여

백일 간 피고 지는 희망으로
부적 같은 황금꽃 수술은
애족의 오선지 바람을 타고
심장에 잠긴 긴~ 세월은
시간의 태업을 풀고 있다

삼천리 방방곡곡 금수강산에
조국의 혈맥을 이루는
민족의 향기 소중한 진주빛
인동초 같은 끈질긴 생명력
홍학의 군무처럼
무궁화꽃이 피고 있습니다

우리 대한민국의 넋으로
천세세세(千歲世世) 영원무궁하리라

제7부
사색하는 사유

사색하는 사유

공중부양 자세로 나래 치는 벌새처럼
별들이 물고기와 입맞춤을 하는
호숫가로 임 찾아가는 길 영접은 못해도
눈물샘 불꽃은 희망이어라
전설이 파도치는 세월의 굴레
피멍이 든 노을은 졸린 눈을 비비며
섬마을에 은하수를 뿌리노라
은빛 비늘 반짝이는 파도의 설렘으로
허공에 불을 뿜는 자성의 소리 붙들고
누가 바람잡이를 달래줄까
너의 주파수를 잡지 못하는 심금
누가 함박꽃 도가니 속 번뇌 용해하나
사리같이 그림자처럼 환생한
봄빛 불타는 여명의 총총한 눈망울
창파에 노을 물감을 풀어 헤치고
세월의 색조 무늬를 그리고 있다
달빛을 가두지 못하듯
파도는 두루마리를 접고 펼, 자리
꽃구름을 잡지 못해서
노을 진, 산 그림자만 품고 있다

사색하는 사유

공중부양 자세로 나래 치는 벌새처럼
별들이 물고기와 입맞춤을 하는
호숫가로 임 찾아가는 길 영접은 못해도
눈물샘 불꽃은 희망이어라
전설이 파도치는 세월의 굴레
피멍이 든 노을은 졸린 눈을 비비며
섬마을에 은하수를 뿌리노라
은빛 비늘 반짝이는 파도의 설렘으로
허공에 불을 뿜는 자성의 소리 붙들고
누가 바람잡이를 달래줄까
너의 주파수를 잡지 못하는 심금
누가 함박꽃 도가니 속 번뇌 용해하나
사리같이 그림자처럼 환생한
봄빛 불타는 여명의 총총한 눈망울
창파에 노을 물감을 풀어 헤치고
세월의 색조 무늬를 그리고 있다
달빛을 가두지 못하듯
파도는 두루마리를 접고 펼, 자리
꽃구름을 잡지 못해서
노을 진, 산 그림자만 품고 있다

상생의 조화

자연의 반란, 마법의 산란으로
생명체가 최초로 발견한 유혹의
기술은 색(色)이다
하늘을 아름답게 수놓은 무지개
일곱 가지의 고운 색깔은
하나같이 빛의 고유로
차별화된 범주를 지키면서

전체의 빛깔이 혼합되는 영혼은
몽환적인 비경의 조화가 되나
어떤 특정 색(色)을 선호
빛을 발한다면
그 순간부터 무지개가 아닌
암흑의 산란으로 천지개벽이 오리니

성난 태풍이 몰아칠 때
큰 나무의 강점인 사시나무는
폭풍에 대항, 서 있기만 할 뿐이지만
수양버드나무는 바람결을 공유로
무희로 즐기며 재앙을 대처하느니라

꽃상여가 잠드는 길목

수채화로 채색된 만상에 까마귀 떼가
하늘에서 술래잡기를 하면 조락은
만장의 깃발로 펄럭이며
팔랑팔랑 흙 나비가 춤추면
꽃상여는 비늘을 천공(天空)에 날린다

홍엽(紅葉)만산(滿山)은
그 고운 장신구를 떼어내고
모진 설파와 맞서려 한다
무서리 동맥경화된 몸피는
숨 고르기를 하는데
바위도 소복하고 개울물도 울고 있다

흰 구름을 나무에 걸어놓고
바람은 나뭇가지에 걸터앉아
벌거벗은 나무를 쓰다듬고
어우르고 토닥이면서

참새 떼들을 보내고 나서
이 겨울 외롭지 않게 위로하니
느티나무에 걸린 성황당

빈 까치집은 보름달처럼 떠 있다
이 세상에 소풍 왔다가 가는 길목
영혼의 휴게소에서 두더지로 잠든다

장항선 추억의 철마

서해안 파노라마 동맥을 이루는 긴~ 꼬리 무는
괴물의 미르가 레일 위로 총알처럼 날고
서해바다 물마루에서 길 잃은 해무 몰려오는데
'모세의 기적'을 낳은 '보령시' 무창포 해수욕장
파아란 하늘에 천사처럼 갈매기가 참선을 한다

눈썹 같은 어촌들 게딱지처럼 옹기종기 모여
바다 밭에서 꿈을 캐고 있는 어민들
항 포구가 등대처럼 횃불을 밝히면
달덩이처럼 만선한 어부들의 노랫소리 가득하다

신문명 발산하는 서천, 보령의 발전소 장항제련소
등대의 깃발처럼 하늘을 찌르고 위용을 떨치면
'충남 서천'의 국립생태공원과 해양박물관은
세계희귀식물과 해조물의 만물상으로 용틀임한다

바다에 꽃비가 내리는 서천 비인 동백정에서는
무도회를 알리는 새발자국을 따라가면
어촌마다 풍어와 소문난 맛 자랑하는 어물축제는
고향의 봄은 잃어버린 유소년 시절의
빛바랜 기억의 창고에서 보따리를 풀어 놓으면

언제나 그런 일들이 어디에 있었느냐 하는 식으로
은빛 바닷가 모래성도 지우개로 지우고 간 자리
실개천을 끼고 들꽃들이 어깨동무를 하고 있는
기찻길 옆 과수원에 황금알들이 풍미를 속삭이고
별들만이 수신호하며 악동처럼 넘나들고

서울에 유학한 학창 시절 서울행 완행열차 속에서
꿈을 먹고 자란 고난을 행군했던 내 고향 '서천' 은
장항항만 종착역 장항선은 은하수가 꼬리를 내릴 때
해가 눈을 감으면 초경을 하듯 까치놀 꽃이 핀다

내일을 향한 마음

인생이란 연습이 없다

산다는 것은 한 편의 연극이고
그리움을 갖고 사는 것
사랑은 자신을 버려야
물과 햇빛을 먹으며 살고
경험은 인생의 전환점을 찾는다
본다는 것은 안다는 것
안다는 것은 실천하는 것
과거가 있다는 것은
미래가 있다는 것이다

새벽은 빛의 시작, 생명의 연속
태양이 뜨면 어둠 속에 감추어진
모든 것이 드러나듯이 참 소중한
만남은 아름다운 인연인걸~
살아있는 생명체도 때가 되면
자기 존재의 뿌리로 돌아가고
삶과 죽음은 둘이 아닌
우리도 영혼이 머무는 곳으로

다듬이 소리

달빛이 유혹하는 가을밤
또닥또닥 또드락, 또드락
희로애락을 가슴에 담은
미풍이 나래 치는
청아한 심연의 떨림 소리

동지섣달 긴긴밤에 홀로 앉아
어머님의 가슴을 두드리는
삶의 회한과 그리움에 북받쳐
적적한 등 뒤에 서린 설움은
겨울밤 향수에 여운을 긋는다

사막처럼 적막한 촌락에
가뭄의 비처럼 어둠이 걷히고
여명의 하늘에 문이 열리면
깨진 소망을 가슴에 묻고
병아리 눈처럼 배시시 감는다

번뇌의 불꽃을 쓸어내리는
추억을 먹고사는 하마처럼~

누이의 수틀 속에 핀 꽃향기

누이의 소망 하나하나가
명경의 마음속에 한 땀 한 땀
꽃구름 모락모락 피어오르면
청아한 꿩처럼 노래하노니
강마을 노를 젓는 사공이여
비취의 별들이 고향을 볼 때

블랙홀의 동지섣달 긴긴밤
제야 성당 종소리 누리에 퍼지면
과녁에 숨어오는 바람 피해서
누이의 치맛자락에 숨고 싶었던
가시덤불 속을 헤매면서
유년 시절의 꿈을 키웠나보다

미완의 수틀 속에 갇힌 학처럼
하얀 눈이 새록새록 꽃 피우면
불가사의 밤의 사다리를 타고
누이의 사향 같은 그늘 속 잠긴 난
정다운 누이의 자장가가 그립다

뜨락

개울가에 한파가 옥죄던
이글루의 집, 명경 속 세상
무지개 빛살 동이 트면서
고래의 등 터지는 소리소리

가물한 봄동이 눈을 뜨면
화들짝 신부가 화장하듯
분사하는 꽃비가 나래 치면
금수강산은 희락 화평하네

늘 푸른 몸짱 뿌리내리며
왕성한 숲을 키우던 대지여
사랑 부족한 날개 피멍들어
오색파발 우주에 띄우는데

창가에 마실 온 나그네 달빛
긴~ 목을 내밀고 서 있는 나목들
허우적거리는 나무의 연리지
풀벌레 소리에 장단을 맞추면

나 홀로 미몽에서 잠 못 이루네

그대의 무덤은

온 세상 천둥 번개가 쳐도
눈비바람에도
흔들리지 않는 정령이니
슬퍼하지 않으리오

그저 상징인 깃발일 뿐
천당과 연옥을 공감하는
극락조가 되도록
사랑 노래를 부르리라

일렁이는 노을빛이
본디 고향의 자연 속에서
풍화작용만 할 뿐이라오

허물뿐인 육신의 집은
그대와 내가 함께하는
추억의 보따리 둥지입니다

물망초 군상들
햇살에 소망 하나 걸어 두고
초라한 비석 앞에 하나같이

결맞은 한 줌의 조화가
그들의 영혼을 위로한다

허지만 생명이 없는 꽃은
가신님께 제구실이 될까
허공에 뜬구름인가 보다
끊임없는
생성과 소멸이 되풀이되고

사모곡

대문을 두드리는 업둥이처럼
그리움의 꽃이 노을 치니
꿈을 먹고사는 우리 인생사
지옥관문에서 희망의 빛을 찾듯
세월의 시추가
세상의 변화에 춤을 춥니다

맑은 구름 파도에 떠돌고 있는
당신의 환상을 그려 봅니다
먼~ 이역에 낙도의 등대빛
사막에 갇힌 문을 열어달라고

아~ 오로라의 여운처럼
하늘을 수놓는 별, 그리움의 꽃
본디의 그 넋을 영접합니다
당신과 나와 인연의 수레바퀴
드라마 속의 숱한 이야기들을
영혼에 담아가고 있습니다

여름밤의 향수

별 하나 별 둘 별, 셋을 세노라면
별똥별이 긴 꼬리를 내리는 밤
쑥대 모깃불로 흡혈귀는 물러가라 하고
마당 한가운데 평상 위에는
정겨운 이웃들이 옹기종기 앉아
호랑이 담배 먹던 옛이야기 꽃을 피우면

삼경은 종소리처럼 파발을 보내고
초가지붕에 하얀 박꽃 향기 속에
어머님의 풍만한 가슴 같은 박덩이
흥부 놀부는 어디 갔나!
반딧불은 초롱초롱 은하수 춤사위
귀뚜라미 건반 위 자장가의 여운을 긋고
활짝 열린 무지개 부채살에 열반(涅槃)도 속절없고

자석처럼 탯줄에 매인 유년 시절
그리움이 눈, 앞에 아롱거리는
고향산천을 안개 속에서 헤매나!

겨울밤의 향수

급변하는 지구의 이상기온처럼
온 세상의 가시 한파 터널은
생지옥은 기아의 삶으로 몰고
둥지새는 사시나무처럼 떨고
거리엔 움츠리고 비틀거리며
유년 시절 회한을 질주하는 새 풍속도
산야에는 하얀 눈꽃 서릿발 속에
옹기종기 둥지 튼 초가집의 굴뚝엔
하얀 연무소지처럼 평온 기원할 때
자석 문고리 잡고 문주방 너머
펄펄 끓는 아랫목 빛바랜 이불 속
발 맞대고 간질이던 핏줄 뿌리들
배고픔과 굴욕의 시간 속에서도
삶의 질곡을 가슴으로 품는
따듯한 정, 우애하는 심성도
번뇌는 겨울 풍경 속에 취해서
잊었던 내 안의 아련한 추억들
시침은 가도 기억의 시간은 영원한 혼불
고향의 종자 마당 사랑의 둥지 그립구나

계절의 몽니

봄은 빛 좋은 개살구
미치광이 광란이다

여름은 하늘 높은 줄 모르고
키 재기만 한다

가을은 하늘목마 타고 더듬고
구름 위를 날고

겨울은 피고름을 짜고
옹이를 만든다

하이(遐邇), 하이(遐邇) 순명처럼
초지일관(初志一貫)……

가을이 품은 산란

우리는 때론 다른 세상을 꿈꾼다
무지개의 어깨 너머
꿈이 현실로 이루어지길…
허지만 꿈에서 깨어나면
허탈과 공허뿐이다

그러나 가을이 빚어내는
조화로움에 짧은 감탄뿐
생의 마지막 순간까지
힘을 다해 빛을 발하는 단풍
바스락거리는 낙엽 소리는
고단한 우리들 마음속에
황홀한 달맞이꽃이 피고

삶의 속도를 잠시 늦춰주는
과속방지턱처럼
사유와 여행의 계절로
마음을 차지한 시간들
그리고 공간, 누군가의 추억의
탯줄인 대자연 속에서
인간 향기가 세상에 퍼져갑니다

고추잠자리

석양에 물든 고운 잠자리
초롱초롱한 눈망울
사방으로 빙글빙글 굴리며
종이비행기처럼
흐느적흐느적거리며
추수 감사하는 춤을 춘다

모기장 빗살처럼 비치는
야한 저고리를 입고서
살랑살랑 떼를 지어
마당을 빙빙 선회하며
가을 하늘을 수놓는
패션쇼를 한바탕 벌이면

아동들은 손사래를 치고
망태기 그물을 친다
재수 없는 놈 파닥거리며
감옥에 갇히면
아동들의 손아귀에
장난감의 노예로 멈춘다

그대의 품 안에 잠들고 싶다

창틈 사이로 스산한
빛이 다가오고 있습니다
누구를 기다리는지~

보고 싶은
얼굴이 떠오릅니다

당신과 나와의 소통하는
삶의 지표를 그리며…

홍엽의 편지가 나래를 치듯
당신 곁으로 다가가고 있습니다

사랑하는 마음으로

누각에 올라서서
명상에 숨을 불어 넣어 봅니다

견우와 직녀가 만나는 그날처럼
고대하며~

언제나 당신과 함께하는
영육 간에 건강하기를
간절한 소망입니다

황금알 보물찾기

과수원 길, 하늬바람의 귀를 달고
떨림으로 다가오는 햇살에
영혼이 농익어가는 보물섬은
고슴도치 바늘 창속에 달덩이 빛 발하면
그대와 나, 황금의 늪에서
벅찬 설렘의 가슴 꽉, 안은 채
각개전투의 철조망 투어로
숨, 막히는 가시덤불 속에 갇히고
낙엽 이부자리 속을 숨바꼭질하는
나만의 비밀이 가득한 곳에서
유년 시절, 신비스런 동화의 나라로

천국의 누리에 탱글탱글한 탱자의 숲
새들도 고개 갸우뚱 엿보고 있다
새콤하고 시원한 향기 바다에 취한
바람난 이웃동네 아줌마의 마니아
비몽사몽 정글 속 헤치며
과녁에 눈 맞춰 머리 조아리고 보물 찾듯
황금알 한 알, 손에 넣는 기쁨 만족으로
천리향은 오로라처럼 피어오리라

제8부
착각은 자유인가

착각은 자유인가

인문학은
오묘한 소통의 발레이지만
설익은 문학인은
못난 망아지 엉덩이만 휘두르듯
외눈박이 오목눈으로 비탈길 걷듯
인생의 삶을 초경만 하고도
자신만은 만월이라고~

왕자+공주병에 걸린 몽유병
빈 조개껍데기만 가슴에 담고도
자신만은 진주조개라고 우겨댄다

자만하지 마라 세상은 만만치 않다
심오한 은유에 깊숙이 숨겨진
비밀의 열쇠를 풀지도 못하고
수수깡으로만 집을 짓는가?

신의 영혼을 예술로 풍미하듯
빈 젖꼭지만 물고 춤추지 마라
익을수록 벼도 머리 숙이는 것처럼

착각은 자유인가

인문학은
오묘한 소통의 발레이지만
설익은 문학인은
못난 망아지 엉덩이만 휘두르듯
외눈박이 오목눈으로 비탈길 걷듯
인생의 삶을 초경만 하고도
자신만은 만월이라고~

왕자+공주병에 걸린 몽유병
빈 조개껍데기만 가슴에 담고도
자신만은 진주조개라고 우겨댄다

자만하지 마라 세상은 만만치 않다
심오한 은유에 깊숙이 숨겨진
비밀의 열쇠를 풀지도 못하고
수수깡으로만 집을 짓는가?

신의 영혼을 예술로 풍미하듯
빈 젖꼭지만 물고 춤추지 마라
열매가 익을수록 벼도 머리 숙이는 것처럼

음(陰)과 양(陽)의 숙명은

우리의 눈은 왜 두 개인가
한쪽 눈이 잘못 본 것을
다른 한쪽 눈이 착시를 보완하기 위해서
우리의 귀는 왜 두 개인가
한쪽 귀가 잘 알아듣지 못하면
다른 한쪽의 귀로 청각을 보충하기 위해서
우리의 콧구멍은 왜 두 개인가
한쪽 코가 막혀 숨쉬기와 냄새를 잘 맡지 못하면
다른 한쪽 코로 숨 쉬고 냄새를 잘 맡기 위해서다

인생의 항로란 사전에 지도는 없다
지도가 있다면 삶의 굴곡을
손금처럼 세계지도를 볼 수 있겠지
삶이란 꿈에 도전하고 성찰하며
자신을 망각하지 않고 본분을 찾는 것입니다
인생은 삶의 무게를 삭혀낸 보따리는
아무리 짐을 풀어 봐도 회한만 남습니다
고목나무에도 꽃이 피는 날이 있겠지만
태양 아래에는 언제나 새로운 것은 없듯이
채워진 자물쇠에 닫혀진 문(門), 평화의 바람이 들어오길

여의도 둥지의 탈무드

세상에는 겉에 보이는 것보다는
안, 보이는 것이 더 무게가 있거늘
수많은 뻐꾸기 떼가 권모술수로
남의 둥지를 호시탐탐 엿보고 있다
여의도에 입성한 무소불위의 속물들
입만 벌리면 거짓말~ 남만 탓하는
반 토막 혓바닥의 칼날 위에 선
후안무치한 위선자들의 막장드라마

오직 떼가 따로 없는 잿밥에만 염불하고
민초들의 눈을 갉아먹고 혈맥을 빨아먹는
송충이 떼들이 바글바글하다
누구를 위해 존재하는 둥지인가 민의인가
궤변으로 국민 불안과 분열만 조장하는
하늘 높은 줄 모르는 철새들의 난장판

오래도록 고인 물은 썩고 부패하며
티끌이 많이 썩으면 굼벵이도 춤춘다
목민(牧民)의 위에 군림하는

가마우지의 주인으로 갑질을 하니
나라가 어찌 어지럽지 않겠는가?
성난 민초들의 화병(火病)에 소방수가 어떠하리~

삶의 굴레

은하수는 바다에 꽃밭을 만들고
등대는 눈만 깜박깜박 졸고 있는데
파도는 하얀 거품으로 울고 있다

무변의 시공둥지에 걸친 석양처럼
빈대 숲 그물망에 포로가 된 가을은
자신 꼬리를 자르는 장송곡 울려주고

태풍의 눈 가슴에 얼음이 박혀서
피를 토하듯 아픈 날도 있지만
빨강 신호등을 기다리다 보면
초록색 등이 온다는 기대감 때문에

사공이 없는 나루터에 걸터앉아
임을 기다리며 가슴 아파하는
빛바랜 추억 같은 노래를 한다

자연은 신이 만들었지만
진리는 인간의 삶 속에서 충돌된

요정과 춤을 추듯
경험을 통한 보편된 상식이지만

개미떼의 행진처럼 설렘도 있다

유월의 몽유병

임들이시여!
몽롱한 가시터널 속 환청이 밀려오는 아우성
하얀 국화꽃 향기 스멀스멀 이승 저승의 넋들
누구를 위해 못다 핀 꽃잎으로 구천에 맴도나
이념 깃발은 동족상잔의 핏빛으로 물든 눈물
전장의 포화 속에서 상흔도 보듬고
임들은 쓰러지고 또 쓰러져도 다시 일어나
전진, 또 전진, 또 돌격으로 사선을 넘고 넘어
낙타고개를 탈환, 조국 대한민국을 수호했다

사랑하는 부모 형제와 아내, 자식들을 뒤로한 채
밀고 밀리는 전선 촌각의 땅뺏기를 위해
임들은 이, 한 몸 조국에 목숨을 걸었다
조국통일을 위한 일념으로 섬광이 번쩍이는
이리 떼들의 포화 속에 낙타고개 위에서
주적(主敵)들 전멸을 못한 한을 남긴 채
붉은 심장을 꺼내놓고 화산처럼 산화했다

통한이 끝나지 않은 전쟁~ 휴전선…!
우리는 반세기가 지난 지금, 비틀걸음으로
정지된 휴전선을 까마득히 잊고 사는
마법에 취한 종북세력들의 춤사위로

호국의 혼, 정체성이 혼란에 흔들리고 있으니
산하에 영면한 임들의 넋이 처연한 눈빛을 감고
하늘에 포효하며 개탄할 것이다

봄빛을 품은 요정 핏빛으로 물든 이 강산에
피골이 상접한 고뇌를 안은 두견화를 보고
소쩍새는 슬피 울고 있는가 보다
생명의 불을 지펴 부활을 깨우치는
향불처럼 혼백이 피어오르면
갈기갈기 찢기고 할퀸 녹슨 철모 총칼은
하얀 목걸이 주인의 인식표만 비목에 남아
휴전선을 유랑하는
달, 그림자를 휘어 감고 있는 비목 위에 서서
눈을 크게 부릅뜨고
호국의 산하를 지키는 수호자로 호령하고 있다

조국통일 완수는 우리들의 몫으로
국민 힘을 모아 통일이 열린 그날, 희망의 시대
위대한 우리 한민족의 등불이 온 누리에
우주의 피안을 만방에 힘차게 두드리라~

임들이시여! 장하도다
당신들이 쌓아올린 호국의 탑은 영원무궁한
무궁화 꽃의 수호신으로 만방에 피어나리라

정화(淨化)

차 한 잔에서
우러나는 향기는
정신을 맑게 정화하고

차 한 잔을 마시면
신체의 변화에 따라
마음안정과 정화하는

참선(參禪)으로

인생을 삭혀낸 회한은
입맛보다는
자신을 위해 치유하는 거

지구의 종말 오려나

인류문명은 삶의 풍요를 만들지만
인간은 환경오염을 부추겨 무덤을 파는
지구의 대재앙을 만들기도 한다
인간방지 턱이 없는 빗나간 욕심
문명포화 오염공해 질병 영토 종교분쟁

천재지변의 기아선상에 휘청거리는
지구의 몸살은 지각변동의 현상으로
인간을 지옥의 벼랑 끝으로 떠민다
나침판 위에서 메아리만 치는 풍속도
인간 살육하는 전쟁놀이 핵우산의 붐
교교한 달빛만이 유혹을 하면
바람이 무덤으로 데리고 가는 이상기온
하늘이 땅에 떨어지고 땅이 하늘로 솟나
언제 터질지 모르는 지뢰밭에 살고 있다

인간의 영혼은 영화 속 같은 세상살이
그저 몽유병 환자처럼 헤매고 살면서
세상 끝에서 서로 마주 서 있는 길 위에
우주공간의 기적들이 일어나기만 빈다
지연의 섭리인 천지조화를 순명으로

하늘 문고리

잠시 소풍을 왔다가 머물던
세속의 끈을 놓는 날
내 영혼과 육신의 생명은

세상에 쓰레기만 남기는
노을빛 영롱한 이슬방울 넋은
구름을 타고 자장가를 부르다가

새 등불이 켜지는 광야에서
세속에 미련을 두지 않고
새처럼 날아가리라 하늘로

영원히 잠들지도 죽지도 않는
영생복락을 누리는 신비의 세계
창조주의 나라로

영혼의 뿌리들

인생은 한 알의 밀알처럼
자연과 호흡하며 공유하면서
영혼이 시들지 않는 근간으로
사계절의 변화는 순리에 따라
미래를 향한 끊임없는 도전

봄은 희망의 꽃봉오리로 피고
싱그러움이 까르르 웃는 푸르름
가을엔 풍요와 마음의 비움을
겨울에 인내와 생존의 내공을 쌓는다

무한한 대자연은 진화를 통해
부활의 신비로운 영혼들
영원한 불사조의 여신일지어라

블랙홀의 눈망울

나도 모르게 피고 지는 숱한 숨결들
명경 같은 꽃바람에 빗질을 하고 있다
텅, 빈 가슴에 연둣빛으로 일렁이며
풍경 속에 녹아 흐르듯 허공에 헤엄칠 때

학춤을 추는 그대 목소리를 듣습니다
햇살이 징처럼 퍼지는 소리 샘에서
옹달샘이 가득 담은 별들이
벙어리 수화의 눈, 맞춤으로 율동한다

소리의 귀를 달고 바람의 언덕에서
망부석 같은 공허의 그림자를 밟는
은하가 흐르는 강의 젖줄은
파도의 보름달처럼 해조음을 듣는다

망망대해 은어의 파도는 춤을 추고
돛단배는 바람 풍선으로 나래를 친다
당신들이 쏟아놓은 수많은 은총들
심안의 쟁반, 작은 그릇에 담아보렵니다

말초신경의 울부짖는 통곡, 흐느낌의 침묵도
너무나 사랑했기에 눈망울 쉼표를 찍습니다

복수초 꽃처럼 피고 싶다

어젯밤 수줍게 피어오른
눈꽃송이 아래로
새의 발자국 지문만 남기는
명경지수가
내 마음을 쓸어내리고
세상에 온갖 쓰레기도
오감도 다, 허물을 벗었다

마음 한편에는 교교하게
천사의 날개를 펴고
당신의 가슴 속으로
퍼즐처럼 잉태한
대자연의 축복 속에서
우린 복수초(福壽草) 꽃으로 피어볼까

내 가슴에 따뜻하게 품고 있는
당신의 영혼을 횃불처럼 달구고 싶다
우리 인연의 참 소중한 고리가
신천지 하얀 화선지 위에
당신과 나의 두 얼굴을
모자이크로 찍고 있다는 것을

워낭의 표호(票號) 소리

평화로운 금수강산 워낭의 전쟁 선포로
푸른 초원의 목동들 지옥문, 문고리 움켜쥐고
삶과 죽음의 고별인사 피죽이 되어 지하에서
원혼의 눈물 산 자의 생명수에 숨통을 죄고

워낭 외양간에는 고삐와 소통의 끈만 덜렁 남아
주인 없는 나그네 설움 음메에 음~메에
어미소를 부르는 송아지 표호 소리
가슴이 메어지고 찢어지는 한 맺힌 절규 사연들

기구한 운명의 장난인가?
누렁소 워낭 소리 사라지고
소, 잃고 외양간 고치는 구제역 파동의 산물들
속절없이 냉가슴만 앓고 종자 설계는 춘몽일 뿐

희망의 절벽 감당키 어려워도
하늘의 꿈인들 잊을까, 별빛만 조롱하는데
고향의 정겨운 워낭 소리, 방울 소리
그립다, 그리워서 가슴에 묻고 싶어져라

처음처럼

공간의 유리벽을 두고서
부엉이처럼 노리는 세상
밤의 심장을 희망에 파도를 타고
꿈을 시추하고 싶다고…

전조등처럼 휘몰아오는 미네르바
흑진주를 물고 오는 강남제비
미래를 준비하는 인동초(忍冬草)처럼~

거울을 보고 말을 하는 것은
마음속에 벽을 두고 있다는 것
고목나무 꽃 필 때까지 기다리며

바람이 춤추는 달빛 항아리 속에
정지된 세월을 거슬러 올라가서
몽환의 날개를 펼쳐라

가는 세월 잡지 말고 오는 세월 속에
낙조가 허우적거리는 집시처럼
벼랑 끝에 선 세월의 빛바랜 무늬는
허공에 빈 발자국의 소리만…!

적자생존의 둥지

동물들은 둥지를 트는 건축예술가로 자연과 우주에 부합되는
몸과 마음과 안전과 평화를 추구하는 보금자리 궁전을 만든다

인간은 가장 큰 가옥으로 눈비와 바람을 막는 우산 속에
가족과 함께 온기를 품고 사랑과 행복을 추구하지만…
새와 곤충들도 안가를 짓고 서로 공존하며 생존을 하는데
새는 핵가족으로 독립적인 생활을 하지만
곤충은 대부분 대중무리를 지어 생존을 구사한다

꿀벌과 메뚜기는 지도자가 없어도 집단공생을 하는데
꿀벌은 여러 정찰벌들이 1차 후보지를 선정하면
꿀벌은 무리를 지어 집 후보지 10여 곳을 탐사 후
그중 유력한 한 후보지가 부상되면 상호작용을 반복해서
최종 심사를 거쳐 결정되는 곳에 둥지를 튼다

메뚜기 떼들은 원래 지도자도 없는 순한 곤충이지만
객체 수가 급등하면 더 좋은 식량공급원을 찾기 위해 한 집단이
먼저 날아가면서 옆의 타 집단이 뒤를 따라오도록 자극하여

대규모 집단으로 형성되면 그 무리 속에 날고 있는 메뚜기는
의사소통 부재로 서로가 협력이 되지 않는데도
자신만이 살아 남기 위한 먹이경쟁으로 인해 대재앙을 준다

일본 대왕개미는 담흑부전나비를 진딧물로부터 보호하여
성장을 도와주고 성충이 되면 자신의 둥지에 데려와서
천적으로부터 보호해 주는 대가로 담흑부전나비는 개미왕국에게
나비가 탄생할 때까지 영양분 공급으로 상호 공생을 유지한다

호리벌은 삼십여 회를 왕래하며 흙을 물로 반죽해서 건축하는데
청벌은 호리벌이 지은 흙 둥지 속에 주인이 없는 틈을 타서 몰래
자신의 성충 알을 낳아놓고 가면 호리벌과 청벌은 한 둥지에서
공생하여 새끼가 탄생하게 하는 기생 역할을 하기도 한다

뻐꾸기는 개개비나 붉은머리오목눈이 새의 둥지에 몰래
알을 낳아 새끼를 낳는데, 뻐꾸기 새끼는 집주인의 알과
새끼를 둥지 밖으로 몰아내고 이방인인 자신이 독차지
를 하고
뻐꾸기 어미새는 또, 둥지 주위에서 경호를 하고 있는데도
둥지 어미새는 자신보다 큰 원수 새끼를 정성을 다해
키워준다

인간은 만물의 영장이라지만 신이 주신 지혜는 무궁무
진하다
인간은 호리벌을 닮아도 뻐꾸기는 되지 말아야 하고
자신을 자만하지 않고 자혜로운 공생관계로 유지하는
하나의 미물에 이르기까지도 모든 만물에는 신비와 노
하우가
대자연의 영혼을 둥지 안에 품고 있다는 것을 음미할
지어라

송년(送年)

캘린더(Calendar)의 끝 꼬리
한, 해가 또 바람처럼 가고
인생도 뜬구름처럼 흘러서
새 역사를 창조하려는
시대의 전환점에 굽이치는

무념무상한 세월의 유수
심오한 자연의 신비 속에
희로애락이 교차했던
삶과의 사투도
유종(有終)의 미(美)도
흘러가는 시간이 아쉬워서

새벽을 거부하듯
닭의 목을 꽉 죄어 보지만
여명은 밝아오는데…!

요람에서 춤추던 인생(人生)은
무엇을 얻고 또 무덤까지
무엇을 남기고 갈 것인가?

그러나 송년은 마침표가 아닌
새로운 도전의 시작이 아닐까

雄飛 김효태 시인

나의 문학관(文學觀)을 이렇게 말하고 싶다

◆

'시'란 무엇인가?

'시는 언어 예술'인 고로 인간 삶의 본질은 인문학으로 사회의 거울로서 '시'란 창작의 기본요소는 메타포와 상상력이기 때문에 '시는 신화'다.

◆

시를 쓴다는 것은

인간의 영혼을 성찰하고 맑게 정화하는 미네르바(Minerva)로 시는 언어의 예술로서 관념적이요, 기호전달적이다. 고로 시는 신들린 무녀처럼 감동을 주는 리듬이 있어야 하고 사물의 이치와 그 안에 품고 있는 수수께끼 비밀의 자물쇠를 풀어야만 보다 깊이가 있는 은유를 품음으로서 좋은 작품이 될 수 있다고…!

또한, 동시에 상상력을 발동하여 심안과 영안으로 소우주를 바라볼 수 있는 역발상적인 초능력을 발휘할 수 있는 깊이가 있고 통찰과 비전을 가지고 꽃의 씨앗으로 가꾸어야만 열매를 맺지 않을까?

시는 신화이고 발레처럼 영혼을 풍미하는 소통으로 꿈의 파문을 일어 희망과 깨달음의 평화를 주는 오묘한 은파가 천지를 공감하게 하는 심오한 진리일 것이라고 생각하고 있기 때문이다.

1. 나의 문학(文學)은

나는 김해(金海) 김씨(金氏) 가문(家門)으로 고조부 김의식(종2품, 가선대부(嘉善大夫)), 증조부 김현익(정3품, 통정대부, 전의감(典醫監) 주부역), 조부 김용배, 부(父) 김종소와 모(母) 박덕순의 자손으로 태어났다.

나는 유소년 시절 푸른 숲과 들판에 자운영 꽃이 산란하는 농촌마을 앞 서해바다와 금강이 정지선을 이루는 하구의 갈대밭 숲에 숨어오는 바람과 고니들이 숨바꼭질하는 갯벌에서 동무들과 뒹굴며 자연과 함께 호흡하며 성장하였다.

나는 고향의 마동국민학교 6학년 때 전교를 대표하는 급장과 어린이 회장을 겸직하며 교우들의 길잡이에 솔선수범하는 모범생이었던 듯하다. 글짓기와 붓글씨, 그림 그리기를 좋아하여 담임선생님으로부터 예술에 소질이 있다고 칭찬을 받은 바 있는데, 졸업식 때 후배들에게 송별사를 하는데 얼마나 감정을 불어넣었는지 선후배가 서로 끌어안고 함께 울음바다를 이루기도 하였다. 지금 생각하니 그때 난 이미 시낭송을 하지 않았나 싶다.

그 후 시골뜨기 때를 벗지 못한 나는 아버지와 둘이서 인근 도시 군산의 중학교에 가서 입학시험을 봤는데, 합격자 360여 명 중 상위권 우등생으로 합격하였다. 학교 측에 의해 촌놈인 내가 신입생 대표로 선정되어 신입생 신고식을 하는 영광을 안기도 했다.

장항과 군산 간 도선통학을 하였는데 남녀 중 · 고교생들이 400여 명이나 되어 이성 교제의 낭만과 청운의 꿈을 안고 있는 학생들은 시집을 가지고 다니며 낭송하는 등 멋을 부리곤 하였다. 그때, 난 푸시킨의 시집에서 「삶이 그대를 속일지라도」라는 시를 읽고 감동을 받았다. 왜냐하면 불우한 시대에 태어나서 일제강점기와 6 · 25 동란으로 피폐한 삶을 살고 있는 나에게 삶의 용기를 주었기 때문이다.

나 자신을 위로하기 위해 그때부터 시집을 많이 읽고 되지도 않는 시를 쓴다고 영감이 떠오를 때마다 시 습작을 한 보람인지, 주변에서 글재주가 많이 있다고들 찬사를 보내주었다.

한번은 동네 선배가 결혼을 하며 중학교 3학년인 나에게 결혼식 축사를 부탁하여 축사를 하였는데 그 후 군산 신창동 거주 선배의 결혼식 때 또 축사를 한 바 있다. 그리고 수시로 친구들과 선배들의 연애편지 대필도 많이 해주었다.

그러나 내가 문학에 가장 심취되었던 때는 서울로 고등학교 유학을 왔을 때였다. 서울에 와서 보니 시집 탐독은 기본이고, 서울의 중 · 고등학교에서는 학교 교지 발행이 유행이어서 우리 문예반 학생들은 너나없이 각 학교의 교지들을 수집하는 데 혈안이 되었다. 수집한 교지를 문예활동 하는 친구들 간 서로 돌려보면서 품평회도 하곤 하였다.

그러나 서울에서 직장 생활과 군 입대 후 글을 쓰지 못하였는데, 내가 소속된 부대가 베트남전쟁에 파병으로 차출되어 베트남 정글 속의 야전 부대 천막 속 침대 위에 누워서 밤하늘 별똥별을 바라보면서 고국의 부모 형제와 친구들 생각에 잠 못 이루는 때면, 시와 수필을 습작하면서 외로움을 달래곤 했다.

그때 고국의 KBS에서 밤 10시 30분에 〈파도를 넘어서〉라는 프로에 베트남전쟁 소식을 방영하는 것을 알게 되어 나는 '향수'와 '전선의 야영'에 대한 시들을 써서 방송국에 보냈다. 그것이 방송에 채택되어 고국의 전국 각지에서 그 방송을 청취한 여학생, 숙녀, 남자 등 다양한 사람들의 펜팔이 빗발쳤다. 지금 기억되는 사람으로는 고향인 서천군청 내무과 송순화를 비롯하여 부산대 국문과 3학년 김은주, 경남 의령의 김영아, 전북 정읍여고 2학년 이공례와 여중 3학년 이순례, 군산여고 3학년 이춘옥, 서울 황학동 여고 3학년 조혜경, 인천공고 3학년 이희만, 전남 광양 강숙희·박금자·허춘자, 대전 태평동 이영숙과 직장 여성 유계호, 이은경 등은 지속적으로 펜팔 서신 교환을 해 주었던 나의 소중한 사람들이다. 지금 어디서 어떻게 살고 있는지 몰라도 지난날을 회상하면서 감사를 드리고 싶다.

베트남에서 귀국 후 나는 정보수사기관의 간부로 근무하는 특성 때문에 문학습작을 소홀히 하다가 공직에서 퇴직 후 또, 글을 다시 쓰기 시작하여 문학 활동을 하고 있다. 성당 대부 홍재현(수필가, 교장 퇴임, 대전 · 충남지역 수필가 협회 및 대전가톨릭문학회 초대회장) 님은 "대자는 그렇게 시를 잘 쓰고 문학활동도 많이 하는데, 왜 등단을 하지 않느냐"라고 하여 나는 글만 잘 쓰면 되지 등단을 뭐하러 하느냐고 반문하자 아무리 글을 잘 써도 무명작가는 행세를 할 수 없으니, 늦었지만 지금이라도 등단하라고 권유를 받은 후 우연히 월간 『시사문단』에서 등단하게 되어 여러 문단에서 중책을 맡고 문학 활동을 하고 있다.

그러나 내 삶의 회한 속 그늘숲으로 남아 있는 일이 있다. 내 고향인 충남 대전(大田)에서 공직 생활하던 중 일부 간부들의 진흙탕 싸움에 휘말려서 몇 동료가 옷을 벗고 처벌을 받게 되었고, 그들의 물귀신 작전에 휘말려 죄 없던 내게도 도의적 책임을 전가하였다. 결국 나는 1979년 12월 휴전선 부근(강원도 인제군)의 산간벽지로 좌천되어 삶의 회한과 가슴의 아픔을 감내하기 어려웠다. 직업에 대한 회의를 느껴 옷을 벗으려고 갈팡질팡하던 차, 우연히 인근의 서화중학교 미술교사 임명숙(1980.2.20, 강원대 미술교육과 졸업)과 동병상련의 인연을 맺게 되었다. 그동안 문학을 접고 있던 나는 시와 그림을 접목시키는 시화(詩畵) 작품을 구상하게 되고 문학작품 습작에 몰두하면서 지금을 삶의 재충전 기회로 여기며 명예회복을 위해 노력했다.

그 결과 전 근무지 대전(大田)으로 다시 발령(1981년 5월

9일)된 후 당시 급변한 정치 상황으로 인한 업무의 폭주로 그동안 아픈 과거는 모두 잊고 살다가 공직에서 퇴직했다.

퇴직 후 삶을 뒤돌아보면서 낸 첫 문학작품『당신의 마음을 누군가 보고 있다』라는 시집을 그 임명숙 선생님(당시 父 임현순:원주 우천국민학교 교사)에게 보내주려고 강원도 교육청에 근무지를 문의했는데 얼마 전 명예퇴직을 하였다 하여 끝내 미몽으로 옛 추억만 가슴에 담게 되었다. 그 선생님께 그곳 벽지에서 나에게 용기를 줘서 고맙다고, 그리고 선생님의 '가슴앓이의 미완'을 남겨두고 석별의 인사도 못 한 채 그곳을 급히 떠나오게 되어서 정말 미안하다고, 잊지 못할 지난 추억을 반추하며 가슴 깊이 회고해 본다.

2. 문학(文學)을 향유하는 인재문인(人才文人)의 입문(入門)에 견인차가 되고 싶다

나는 문학 활동의 가용한 범위에 대해서 항상 고민하며 문학을 공감하고 있는 숨은 인재를 발굴하여 문단에 데뷔하도록 하고 있는 바, 국립한밭대학교 실용 문예창작 과정의 교수와 수강생 및 대전가톨릭문학회 회원을 지도하여 설동호 시인(現 대전광역시 교육감, 한밭대 총장 8년 역임), 한밭대 지도교수 김선호(문학박사, 前 인문대학장)를 비롯해 유선기 시인(前 산업자원부 전력관장), 이재인 시인(現 한국조폐공사 감사관), 오승순 시인(교사, 충남교육청 독서와 논술강사), 전의수 시인(前 대전광역시 자치행정국장), 안병숙 시인(대전가톨릭문학회 부회장), 이상향 시인(대전가톨릭문학회 부회장), 전재삼 시인(기독교 담임목사), 지창남 시인(순천향대 평생교육원 강사, 충남 아산시 청소년문화센터 논술강사), 김홍선 시인(채송화음악학원원장), 이은숙 시인(대전가톨릭문학회 총무국장), 이은숙 시인((주)곰두리여행클럽 점장), 김춘예 시인(여교사), 송춘용 시인, 김현숙 시인, 김영우 시인, 김성현 시인(대전 EXPO아파트 거주), 이희영 시인 등 시인 19명과 임병한(대전-서구노인복지회관 근무), 이지숙(前 한국일보 기자, 서울경제신문 기자), 홍희자(대전-유성구청 가정복지과 과장), 전진숙 등 수필가 4명으로 총 23명을 추천하였고 심사위원으로서 등단을 시켰다.

3. 문학상 시상 수여식 관련사항

◆ 제11회 시예술상 수여식

수상자 김효태 시인(황금찬 시인이 상패 수여)

◆ 북한강문학제 문학상 및 풀잎문학상

황금찬 시인의 『별이 뜨는 강마을에』의 문학비가 있는 경기도 남양주시 야외공연장에서 북한강문학제 시 황금찬 시인께서 제2회 북한강문학상 본상 김혜련 시인(순천고등학교 국어교사)에게 상패를 수여를 하고, 제7회 풀잎문학상은 황금찬 시인을 대리하여 내가 대상 김선호 교수 및 황희영 시인, 본상 최승혁 시인 · 지인수 시인 등 4명에게 상패를 수여하였다.

▲ 제2회 북한강문학제

▲ 제7회 풀잎문학상 대상
김선호 교수

▲ 제7회 풀잎문학상 대상
황희영 시인

▲ 제7회 풀잎문학상 본상
지인수 시인

▲ 제7회 풀잎문학상 본상 최승혁 시인

시(詩)사랑 ♡ 선택(選擇)

시는 신(神)과 소통하는
도구의 신화(神話)다

시(詩)는 복숭아처럼
순수하고 달콤하던가?
빛의 여운을 긋는 꿈처럼~

마음에 귀를 달고
다가왔다가
향수 바다를 품는가?

연습이 없는 인생(人生)
삶의 본질(本質)은
영혼의 꽃밭을 만들면

가슴을 어루만져주는
시혼(詩魂)에 머무는 사랑
당신의 평화(平和)를 평화를…!

이 세상(世上)의 만인에게
신(神)이 주신
꿈을 심고 꿈을 주고 싶다

韓國을 빛낸 文人
韓國詩大事典

문학세계대표작가선 788

새로운 시작 25시

김효태 시집

인쇄 1판 1쇄 2016년 10월 1일
발행 1판 1쇄 2016년 10월 10일

지 은 이 : 김효태
펴 낸 이 : 김천우
펴 낸 곳 : 도서출판 천우
등 록 : 1992. 2. 15. 제1-1307호
주 소 : 서울시 성동구 무학봉28길 6 금용빌딩 2F
전 화 : 02)2298-7661
팩 스 : 02)2298-7665
http://www.moonhaknet.com
E-mail : chunwo@hanmail.net

값 12,000원

ISBN 978-89-7954-646-0

이 도서의 국립중앙도서관 출판예정도서목록(CIP)은 서지정보유통지원시스템 홈페이지(http://seoji.nl.go.kr)와 국가자료공동목록시스템(http://www.nl.go.kr/kolisnet)에서 이용하실 수 있습니다. (CIP제어번호: CIP2016023268)